第三方评估、绩效排名与政府循证管理

Third-Party Evaluation, Performance Ranking, and Evidence-Based Management of the Government

马亮 著

江苏人民出版社

图书在版编目(CIP)数据

第三方评估、绩效排名与政府循证管理 / 马亮著.
—南京：江苏人民出版社，2021.4
ISBN 978-7-214-23012-6

Ⅰ.①第… Ⅱ.①马… Ⅲ.①国家行政机关—行政管理—研究—中国 Ⅳ.①D630.1

中国版本图书馆 CIP 数据核字(2018)第 289073 号

书　　　名	第三方评估、绩效排名与政府循证管理
著　　　者	马　亮
责 任 编 辑	戴亦梁　胡天阳
装 帧 设 计	陈　婕
责 任 监 制	陈晓明
出 版 发 行	江苏人民出版社
地　　　址	南京市湖南路 1 号 A 楼，邮编：210009
网　　　址	http://www.jspph.com
照　　　排	江苏凤凰制版有限公司
印　　　刷	江苏凤凰通达印刷有限公司
开　　　本	652 毫米×960 毫米　1/16
印　　　张	13.75　插页 3
字　　　数	186 千字
版　　　次	2021 年 4 月第 1 版
印　　　次	2021 年 4 月第 1 次印刷
标 准 书 号	ISBN 978-7-214-23012-6
定　　　价	45.00 元

(江苏人民出版社图书凡印装错误可向承印厂调换)

目　录

第一章　绪论　1

    第一节　研究背景与问题　2

    第二节　研究综述　4

    第三节　本书的核心观点　14

    第四节　本书的结构安排　18

第二章　第三方评估的理论视角　24

    第一节　"外来的和尚好念经"？　24

    第二节　第三方评估如何影响政府绩效？　26

    第三节　第三方评估何时奏效。29

第三章　第三方评估的历史进程与国际经验　32

    第一节　第三方评估的起源与演变　32

    第二节　为什么第三方评估如此之多？　36

第三节 国际第三方评估的演变与发展 38

第四章 第三方评估的评估框架与标准 46

第一节 研究问题 46

第二节 政府绩效评估及其主体 48

第三节 中国政府绩效评估的发展 51

第四节 评估框架 55

第五章 外部参与的政府绩效评估：个案研究 58

第一节 政府绩效评估：从内部封闭到外部开放 61

第二节 连氏项目的发起与组织 64

第三节 连氏项目的理论框架、评价体系和研究方法 67

第四节 从连氏项目看中国政府绩效外部评估 74

第五节 结论 76

第六章 第三方公共服务绩效评估：比较案例研究 78

第一节 引言 78

第二节 第三方公共服务绩效评估的两个案例 81

第三节 结果 85

第四节 讨论 90

第七章 第三方公共服务绩效评估：两个案例的纵贯比较 96

第一节 引言 96

第二节 研究案例与理论假说 99

第三节 数据与方法 104

第四节 结果 *105*

第五节 讨论与结论 *111*

第八章 第三方评估的多案例比较研究 *117*

第一节 研究问题 *117*

第二节 案例选取 *118*

第三节 研究方法 *119*

第四节 结果和讨论 *121*

第五节 结论 *126*

第九章 作为第三方评估的城市排行榜 *130*

第一节 引言:进入"榜时代"的中国城市 *130*

第二节 城市排行榜:定义、历史与研究述评 *132*

第三节 城市排行榜:一个供求分析框架 *141*

第四节 城市排行榜的生产 *143*

第五节 城市排行榜的消费 *146*

第六节 城市排行榜的问题与流弊 *149*

第七节 城市排行榜的未来展望 *153*

第十章 第三方评估与政府绩效信息使用 *158*

第一节 政府绩效信息使用:研究状况概览 *159*

第二节 政府绩效信息的特征与属性 *161*

第三节 政府绩效信息的使用特征 *167*

第四节 政府绩效信息(不)使用的影响因素 *170*

第五节 政府绩效信息使用的结果与影响 *175*

第六节 理论整合与研究展望 *177*

第十一章 第三方评估与循证管理 *185*

第一节 何谓"循证"？ *185*

第二节 循证：从医学到政策 *187*

第三节 循证决策与管理的证据库 *189*

第四节 第三方评估与循证决策 *191*

第五节 第三方评估如何推进循证决策 *193*

第十二章 结论与展望 *198*

第一节 第三方评估何去何从？ *198*

第二节 第三方评估的"内功"与"外力" *202*

第三节 第三方评估的推进策略 *206*

第四节 第三方评估的未来研究展望 *209*

后记 *213*

第一章 绪论

第三方评估或外部评估，是由政府以外的第三方机构（如学术机构、媒体、咨询公司、智库、国际组织等）对政府管理与政策绩效进行的评估活动。近些年，国务院和各级政府部门都大力引入第三方评估，用于推动重大政策决策的落实与督查。李克强总理将第三方评估视为政府管理创新的举措，并在许多重大决策领域使用。李克强总理不仅要求中央政府部门委托和使用第三方评估，而且亲自参与评估工作的组织和评估报告的使用，特别关注第三方评估对政府工作的促进作用。各地政府也对第三方评估寄予厚望，如江苏省、广东省等地政府纷纷推出实施意见和支持举措。广东省率先试点财政支出第三方评估，用于推动政策绩效改进。江苏省政府出台法规，规范省内第三方评估活动。此外，还有许多省份和城市加强第三方评估，推动其在多个领域的应用。

与政府部门自评估和自上而下的内部评估相比，第三方评估被认为在独立性、客观性和专业性等方面具有相对优势。第三方评估提供的证据，被认为是强化政府循证决策与管理的关键依据，有利于政府学习和绩效改进。但是，"外来的和尚会念经"吗？第三方评估能够担此大任吗？第三方评估的信度、效度和可用性如何？第三方评估结果得到政府部门的重视和使用了吗？目前对第三方评估的制度逻辑、作用机制与绩效影响还缺少深入研究,而这些问题都值得深入的理论和实证研究。本章对第三方评估的研究背景与问题进行了梳理和提炼,并系统综述了该领域的研究文献。在此基础之上,总结了本书的核心内容与观点,并介绍了本书的结构安排。

第一节 研究背景与问题

第三方评估也称为独立评估或外部评估,是由政府部门委托第三方机构对公共项目、政策或部门的绩效进行独立评估。2007年以来,包括兰州大学对甘肃省非公有制经济发展的评价[①]、华南理工大学对广东省市县政府绩效的评价[②]等在内的第三方评估在中国各地发展迅猛。2013年以来,国务院在督导重大政策的落实情况时引入第三方评估,并被李克强总理视为"政府管理方式的重大创新"。与此同时,在信息公开和财政透明、政府网站绩效、社会组织公信力、高等教育、医院服务、精准扶贫等方面,第三方评估被越来越广泛地使用。江苏、湖南、广东等地政府纷纷出台文件,鼓励通过政府与社会资本合作(PPP)的方式购买第三方评估服务,并在财政支出绩效评估领域推广。

与政府自评估和自上而下的考核相比,第三方评估引入"外脑",可以更客观、独立和专业地评估政府绩效,并为优化决策和改进绩效提供依据。但是,第三方评估真的是"外来的和尚好念经"? 为什么政府部门使用第三方评估? 什么样的第三方评估是有效的? 第三方评估如何促进政策落实和提升政府绩效? 在什么情况下第三方评估可以改进绩效? 这些问题尚未得到深入研究,并可能使政府在推进第三方评估时收效甚微或误入歧途。

---

① 参见包国宪、董静、郎玫《第三方政府绩效评价的实践探索与理论研究——甘肃模式的解析》,载《行政论坛》2010年第4期,第59—67页。
② 参见郑方辉《第三方评价地方政府整体绩效的实证研究——以广东省市、县两级政府为例》,载《中国行政管理》2008年第5期,第13—17页。

第三方评估无法取代自评估或内部评估,使用不当还会导致意想不到的负面影响。目前第三方评估机构良莠不齐且发展滞后,无法做到独立、专业,很难满足政府部门的评估需求。一些部门出于合法性诉求,只是象征性地引入第三方评估以赢得公众信任,实际上难以促进政策优化和绩效改进。许多第三方评估"一评了之"或被"束之高阁",在绩效反馈和评估使用方面存在欠缺。还有一些政府部门对第三方评估"袖手旁观",无法"举一反三",组织学习和创新乏力。第三方评估的投入较大,成本与收益往往不成比例或得不偿失。因此,第三方评估并非灵丹妙药,能否及如何提升政府绩效还有待于深入研究。围绕第三方评估,需要回答如下关键问题:

1. 为什么政府部门选择第三方评估?哪些因素影响政府的评估选择(内部 VS 外部)?

2. 第三方评估具有哪些特征和属性?第三方评估需要政府部门的哪些支持?

3. 第三方评估能否提升政府绩效?通过哪些过程和机制提升政府绩效?哪些因素和条件会制约第三方评估改善政府绩效?

对上述问题进行理论和实证研究,具有重要的理论价值和现实意义。概而言之,本书的理论价值与应用前景主要包括如下方面:

1. 理论价值。本书独辟蹊径地提出第三方评估影响政府绩效的理论框架,并使用实证方法对其进行研究,填补了本领域的研究不足,有利于理论创新。既有研究局限于就第三方评估本身谈第三方评估,而未能跳出第三方评估的范围去考察其对政府绩效的影响。本书关注回答第三方评估的"评估悖论"(为什么不奏效)和"评估迷思"(如何奏效),揭示第三方评估影响政府绩效的作用机制,以及第三方评估发挥作用的依存条件。本书跳出单纯的政策评估视角,将政策评估与绩效管理两大研究领域有机衔接,从更高层面去研究第三方评估的影响。上述研究为创新第三方评估理论提供了理论框架和经验依据。

2. 应用前景。从实践价值而言,本书有助于消除当前对第三方评估的盲从和迷信,廓清第三方评估影响政府绩效的路径和条件,为政府部门更好地使用这个工具提供理论依据和实证证据。面对第三方评估这个新生事物,政府部门遇到要不要用、怎么用和如何用好的挑战,还需基于实证研究的价值规范和理论的引导。本书提出的理论框架及实证证据,可以解释第三方评估为什么、如何及在何种条件下影响政府绩效,据此提出的政策建议有利于政府部门合理使用第三方评估并改进政府绩效。

第二节 研究综述

国内研究方面,学者们对第三方评估的定义、特征和优点及面临的挑战等进行了理论探讨和案例研究。①② 第三方评估可以由学术机构、咨询公司、社会代表和民众等参与,并会导致不同的评估模式。③ 针对已有的第三方评估案例,学者们进行了多角度分析④⑤⑥,认为第三方评估在独立性⑦、自律性⑧、适用范围⑨、制度环境⑩等方面都遇到了难题。有

---

① 李志军:《第三方评估理论与方法》,中国发展出版社2016年版。
② 李文彬、卢扬帆、郑方辉:《财政专项资金绩效第三方评价》,光明日报出版社2015年版。
③ 徐双敏:《政府绩效管理中的"第三方评估"模式及其完善》,载《中国行政管理》2011年第1期,第28—32页。
④ 包国宪、董静、郎玫:《第三方政府绩效评价的实践探索与理论研究——甘肃模式的解析》,载《行政论坛》2010年第4期,第59—67页。
⑤ 郑方辉:《第三方评价地方政府整体绩效的实证研究——以广东省市、县两级政府为例》,载《中国行政管理》2008年第5期,第13—17页。
⑥ Yu W., Ma L., "External government performance evaluation in China: A case study of the 'lien service-oriented government project'", *Public Money & Management*, 2015, 35(6): 431-437.
⑦ 郑方辉、陈佃慧:《论第三方评价政府绩效的独立性》,载《广东行政学院学报》2010年第2期,第31—35页。
⑧ 包国宪、张志栋:《我国第三方政府绩效评价组织的自律实现问题探析》,载《中国行政管理》2008年第1期,第49—51页。
⑨ 尚虎平、王春婷:《政府绩效评估中"第三方评估"的适用范围与限度——以先行国家为标杆的探索》,载《理论探讨》2016年第3期,第12—18页。
⑩ 徐双敏、陈尉:《"第三方"评估政府绩效的制度环境分析》,载《学习与实践》2013年第9期,第22—27页。

学者基于两项第三方评估案例,对其信度和效度进行比较。① 还有研究结合财政支出绩效评估,分析了第三方评估的效度、效力和效用。② 有研究者提出了第三方评估的质量标准,并综合比较了十余个典型案例。③ 上述文献为理解和廓清第三方评估提供了启示,但是仍然有必要围绕第三方评估是否奏效及如何影响政府绩效,构建理论框架并进行实证检验。在这些方面,国外研究积累了一定文献,并对外部评估影响组织绩效的主要路径和权变因素进行了研究。

一、第三方评估的动因与特征

第三方评估或外部评估是一种评估模式,与之对立的是内部评估。内部评估与外部评估并非泾渭分明,一般依据评估结论是由组织内部还是外部机构得出加以区分。依据评估者和目标客户是内部还是外部,还可以将评估进一步分为四种。内部人指同项目执行及其影响直接有关的个人或组织。外部人指项目以外的实体,但对项目实施及其影响有既得利益。据此可以划分四种评估模式:评估者和目标受众都是内部人(如组织自评),评估者是内部人而目标受众是外部人(如年度报告),评估者是外部人而目标受众是内部人(如委托评估),评估者和目标受众都是外部人(如审计报告)。④ 如果将委托机构、评估机构和客户三者予以综合考虑,则可以进一步对内部和外部评估予以细分。

内部评估和外部评估各有利弊,并取决于不同的条件,如组织能力、

---

① 马亮、于文轩:《第三方公共服务绩效评价的评价:一项比较案例研究》,载《南京社会科学》2013年第5期,第55—63页。
② 李文彬、黄怡茵:《基于逻辑模型的财政专项资金绩效评价的理论审视——以广东省人大委托第三方评价为例》,载《公共管理学报》2016年第3期,第111—121、158—159页。
③ Yu W., Ma L., "External government performance evaluation in China: Evaluating the evaluations", *Public Performance & Management Review*, 2016, 39(1):144-171.
④ Owen J. M., Rogers P. J., *Program Evaluation: Forms and Approaches*, London: Sage, 1999.

评估需求、制度环境、政策议题和组织路径。① 组织在选择内部还是外部评估时，会综合考虑许多因素，如成本、可及性、项目及其运营的知识、对情境的知识、收集信息的能力、灵活程度、专业技能、客观性、财政问责、批评的意愿、评估的使用、结果的扩散、伦理议题和组织投入等。②

政府在引入外部评估时如何使其同既有内部评估相契合和兼容，可能是至关重要的问题。内部评估的支持者认为，自评估组织有持续的生命力，特别是当组织同其利益相关者建立了较高程度的相互信任时更是如此。③ 虽然"外来的和尚好念经"，但恰恰只有组织内部成员才最知晓内情并能执行变革。当外部评估与内部评估相兼容时，外部评估对组织绩效的影响更强。所以，内外评估的契合性或平衡性至关重要。④ 如果组织需要的是内部评估，却选择了外部评估，可能评估效果会大打折扣甚至适得其反。

二、第三方评估对组织绩效的作用机制

除了关注如何优化评估和促进评估使用以外，更为重要的是如何通过评估改进政府绩效。评估不仅会影响被评估的某个具体项目或政策，而且经由"举一反三"的外溢效应，会对这些项目或政策所在的政府部门产生显著影响。因此，评估与绩效管理之间存在兼容性，评估者与管理者之间的建设性对话，有助于通过评估去改进绩效。⑤ 结合已有文献，可

---

① Pattyn V., Brans M., " Outsource versus in-house? An identification of organizational conditions influencing the choice for internal or external evaluators", *The Canadian Journal of Program Evaluation*, 2013, 28 (2):43 – 63.
② Conley-Tyler M., " A fundamental choice: Internal or external evaluation?" *Evaluation Journal of Australasia*, 2005, 4 (1/2):3 – 11.
③ Wildavsky A., " The self-evaluating organization", *Public Administration Review*, 1972, 32 (5):509 – 520.
④ Blok H., Sleegers P., Karsten S., " Looking for a balance between internal and external evaluation of school quality: Evaluation of the SVI model", *Journal of Education Policy*, 2008, 23 (4):379 – 395.
⑤ Nielsen S. B., Ejler N., " Improving performance? Exploring the complementarities between evaluation and performance management", *Evaluation*, 2008, 14 (2):171 – 192.

以发现如下中介变量和作用机制是联结第三方评估与绩效改进的关键路径,包括绩效反馈、绩效问责、组织学习和组织创新。

首先,第三方评估为组织提供了专业、独立的绩效信息,而这些绩效反馈有利于组织学习和绩效改进。绩效反馈理论认为,基于评估获取的信息为双环组织学习和持续绩效改进提供了条件,使组织可以对标调适。[1] 特别是来自组织外部的非常规绩效信息,有利于组织获得有价值的绩效反馈。[2] 来自第三方评估的把脉问诊,有助于政府发现问题和不足,从而为绩效改进提供靶点。

其次,第三方评估可以强化绩效问责,使参评部门有更强的压力和动力去改善公共服务绩效。[3] 第三方评估形成的外部监督,以及评估结果的社会公开,都会对参评部门产生问责压力,并驱动其采取措施改进公共服务绩效。[4] 实验研究发现,如果预期到会有外部评估,人们会努力完成可以胜任的目标。但如果目标难以实现,那么外部评估则会打击人们的士气。[5] 第三方评估通常由上级主管部门委托,被评部门因此还会受到自上而下的官僚问责,这会进一步督促其执行政策和改进绩效。

再次,第三方评估引入了外部力量和新鲜血液,使管理层和组织成员能够获取新的视角和知识,这有助于促进组织学习,[6]进而提升公共服务绩效。特别是第三方评估可以"举一反三",使组织成员学以致用,将

---

[1] Mausolff C., "Learning from feedback in performance measurement systems", *Public Performance & Management Review*, 2004, 28 (1):9-29.
[2] Kroll A.,"The other type of performance information: Nonroutine feedback, its relevance and use", *Public Administration Review*, 2013, 73 (2):265-276.
[3] Van der Meer F. - B., Edelenbos J., "Evaluation in multi-actor policy processes: Accountability, learning and co-operation", *Evaluation*, 2006, 12 (2):201-218.
[4] Schyve P. M., "The evolution of external quality evaluation: Observations from the joint commission on accreditation of healthcare organizations", *International Journal for Quality in Health Care*, 2000, 12 (3):255-258.
[5] Shalley C. E., Oldham G. R., "Effects of goal difficulty and expected external evaluation on intrinsic motivation: A laboratory study", *Academy of Management Journal*, 1985, 28 (3): 628-640.
[6] Balthasar A., Rieder S., "Learning from evaluations: Effects of the evaluation of the swiss energy 2000 programme", *Evaluation*, 2000, 6 (3):245-260.

第三方评估结果及其启示应用到其他领域,从而扩大第三方评估效应。①绩效评估只有将学习嵌入组织文化,才能实现政府绩效的持续提升。②因此,如果第三方评估可以促进参评部门的知识共享和集体学习,将有助于公共服务绩效提升。③

最后,第三方评估可以促进组织创新,特别是为组织提供新的视角、观念、技术和实践,这都有助于评估能力建设和组织绩效改进。④ 评估能力指"一种组织能力,即获取、匹配与维持组织的目标、结构、流程、文化、人力资本与技术,借此提供可以指导实践和支持决策的评估知识,进而提升组织绩效"⑤。评估能力可以分为执行评估和使用评估这两大类能力,并具体分为六类:人力资源、组织资源、评估规划与活动、评估知识、组织决策和学习收益。⑥ 评估能力受到组织环境和组织特征的影响,并会通过组织学习和组织创新影响组织绩效。⑦ 评估能否真正奏效,取决于能否使组织发生改变,而理解其过程至关重要。⑧

三、第三方评估影响组织绩效的依存条件

第三方评估要想发挥作用并改进政府绩效,取决于一定的环境和条

---

① Moynihan D. P. ," Goal-based learning and the future of performance management", *Public Administration Review*, 2005, 65 (2):203 - 216.
② Sanderson I. ," Performance management, evaluation and learning in 'modern' local government", *Public Administration*, 2001, 79 (2):297 - 313.
③ Fletcher G. , Dyson S. , "Evaluation as work in progress: Stories of shared learning and development", *Evaluation*, 2013, 19 (4):419 - 430.
④ Carman J. G. , Fredericks K. A. , "Evaluation capacity and nonprofit organizations: Is the glass half-empty or half-full?" *American Journal of Evaluation*, 2010, 31 (1):84 - 104.
⑤ Nielsen S. B. , Lemire S. , Skov M. ,"Measuring evaluation capacity-results and implications of a danish study", *American Journal of Evaluation*, 2011, 32 (3):324 - 344.
⑥ Bourgeois I. , Cousins J. B. , " Understanding dimensions of organizational evaluation capacity", *American Journal of Evaluation*, 2013, 34 (3):299 - 319.
⑦ Cousins J. B. , Goh S. C. , Elliott C. J. ,"Framing the capacity to do and use evaluation", *New Directions for Evaluation*, 2014, 2014 (141):7 - 23.
⑧ Henry G. T. , Mark M. M. ,"Beyond use: Understanding evaluation's influence on attitudes and actions", *American Journal of Evaluation*, 2003, 24 (3):293 - 314.

件,包括评估目的、评估参与、评估使用、评估支持等。

首先,评估目的不同,第三方评估的效果也会不同。有学者将评估分为两大类:致力于改进绩效的形成性评估(formative evaluation)和旨在得到评估结论的总结性评估(summative evaluation)。也有人将评估目的二分为评估和改进,还有学者指出评估的目的无法穷尽。① 有学者指出,绩效评估的终极目标是改进,学习、激励和控制等其他目标都是从属于该目标的。② 凡此种种,都表明评估目的对于引导评估过程至关重要,并会影响乃至左右评估的奏效。基于评估的目的是问责、改进还是获取基础知识,内部评估和外部评估的适宜性也不尽相同。对于问责和获取基础知识而言,外部评估具有相对优势;对于绩效改进来说,内部评估则表现相对较好。③

其次,第三方评估能否对政府绩效产生影响,至关重要的是评估结果能否得到合理有效的使用。④ 绩效信息使用是绩效管理的"大问题",因为它关乎绩效评估向绩效管理跨越的"惊险一跳"。⑤ 如果第三方评估产生的绩效信息得不到实质性使用,就很难对组织行为和绩效产生影响。⑥ 如果参评部门只是表姿态象征性地使用评估结果,那么就可能使

---

① Chen H.-T., "A comprehensive typology for program evaluation", *Evaluation Practice*, 1996, 17 (2): 121-130.
② Behn R. D., "Why measure performance? Different purposes require different measures", *Public Administration Review*, 2003, 63 (5): 586-606.
③ Vedung E., "Six models of evaluation", in Araral E., Fritzen S., Howlett M., Ramesh M., Wu X., eds. *Routledge Handbook of Public Policy*, London: Routledge, 2013: 387-400.
④ Contandriopoulos D., Brousselle A., "Evaluation models and evaluation use", *Evaluation*, 2012, 18 (1): 61-77.
⑤ Moynihan D. P., Pandey S. K., "The big question for performance management: Why do managers use performance information?" *Journal of Public Administration Research and Theory*, 2010, 20 (4): 849-866.
⑥ Kroll A., "Drivers of performance information use: Systematic literature review and directions for future research", *Public Performance & Management Review*, 2015, 38 (3): 459-486.

第三方评估大打折扣,甚至不会对政府绩效产生实质性影响。① 评估使用包括可用性(可否使用)和能用性(能否使用)两个维度:可用性(usability)涉及评估方案设计和实施是否会影响评估结果、是否适合使用,能用性(use)指基于参评部门所处的组织情境和能力是否有条件使用评估结果。② 评估使用还可以分为过程使用(process use)和结果使用(use of evaluation findings)。③ 政府期望获得评估结果,并可以将其用于决策,这会表现为工具性、概念性和象征性使用。④ 但是,更为重要的是评估过程使用,即利益相关者在参与评估的过程中获得的收益,如认识、学习和互动。⑤

最后,第三方评估并非完全由第三方机构完成,需要参评部门的配合、参与和支持,如提供资料和数据、接受访谈和调查,乃至评估方案设计和调整。实际上,外部评估的引入对内部评估提出了许多新要求。⑥ 因此,参评部门的参与方式和程度,会影响第三方评估对政府绩效的作用。特别是组织领导层的关注和支持,对于提升第三方评估的战略重要性具有很强的垂范作用。此外,社会利益相关者的参与和透明公开,有助于提升第三方评估质量,进而有利于评估得到关注和重视。

评估机构与被评部门之间的相互信任关系,是决定评估成败及其绩

---

① Weiss C. H., "Have we learned anything new about the use of evaluation?" *American Journal of Evaluation*, 1998, 19 (1): 21 - 33.
② Saunders M., "The use and usability of evaluation outputs: A social practice approach", *Evaluation*, 2012, 18 (4): 421 - 436.
③ Amo C., Cousins J. B., "Going through the process: An examination of the operationalization of process use in empirical research on evaluation", *New Directions for Evaluation*, 2007 (116): 5 - 26.
④ Leviton L. C., "Evaluation use: Advances, challenges and applications", *The American Journal of Evaluation*, 2003, 24 (4): 525 - 535.
⑤ Shulha L. M., Cousins J. B., "Evaluation use: Theory, research, and practice since 1986", *American Journal of Evaluation*, 1997, 18 (3): 195 - 208.
⑥ Volkov B. B., "Beyond being an evaluator: The multiplicity of roles of the internal evaluator", *New Directions for Evaluation*, 2011, 2011 (132): 25 - 42.

效影响的关键因素之一。① "如果问责信息不被参与的主体视为可信的——即其发现不被人相信——那么它将不会被使用,或者更糟的是它被误用,因为不准确或有偏的信息会被用于牟取私利。结果可能是这种信息的来源名声扫地。"②即便是严谨的随机对照实验(RCT),也可能因为项目开发人员的参与而导致严重的利益冲突,并使评估结果出现偏差。特别是项目委托方与评估方之间的财政利益冲突就很难避免,并可以通过许多"蛛丝马迹"予以揭露。换句话说,如果循证决策的证据基础受到利益侵蚀,就会影响证据效力及据此做出的决策的质量。特别是在医药、犯罪等领域,这种有偏的评估结果会造成难以想象的负面影响。③

第三方评估的可信度可以通过两种途径得到确保:提供高质量的不被视为有偏的信息;有声望的第三方确定信息是高质量和无偏的。得到第三方的质量认证,是提高评估可信度的重要措施。特别是在财务报表领域,外部独立审计师出具的审计报告,可以表明财务报表符合特定标准。在政府绩效评估领域,越来越多的国家和地区要求绩效信息审计的第三方认证。④ 许多第三方评估都是以研究课题形式进行的,因此评估使用也意味着研究与实践的关联。一直以来,学术界与实务界、科学界与政策界之间存在很深的鸿沟,使研究转化和知识利用得不到充分发

---

① Burt R. S., Knez M., "Kinds of third-party effects on trust", *Rationality and Society*, 1995, 7 (3): 255 – 292.
② Mayne J., "Evaluation for accountability: Myth or reality", in Bemelmans-Videc M. -L., Lonsdale J., Perrin B., eds., *Making Accountability Work: Dilemmas for Evaluation and for Audit*, New Brunswick, NJ: Transaction Publishers, 2007: 63 – 84.
③ Gorman D. M., Conde E., "Conflict of interest in the evaluation and dissemination of 'model' school-based drug and violence prevention programs", *Evaluation and Program Planning*, 2007, 30 (4): 422 – 429.
④ Mayne J., "Evaluation for accountability: Myth or reality", in Bemelmans-Videc M. -L., Lonsdale J., Perrin B., eds., *Making Accountability Work: Dilemmas for Evaluation and for Audit*, New Brunswick, NJ: Transaction Publishers, 2007: 63 – 84.

展。① 第三方机构的权威性和可信度会影响其对政府绩效的作用,因为这会影响参评部门对评估结果的认同和信任。如果是一家独立、权威和在业界声名赫赫的第三方机构做出的评估,参评部门通常会"另眼相看",高规格接待和积极配合,使评估结果得到重视和应用。参评部门对第三方评估的期望也会塑造其对评估结果的满意度,进而会影响评估结果是否得到真正使用。如果第三方机构提高了参评部门的期望,而评估结果却并不令人信服和满意,那么就可能会使其对政府绩效的影响甚微。

四、文献评估

总体来看,国内有关第三方评估的研究主要集中于理论探讨和个案研究,仍然停留于理论层面的剖析和少数案例的比较,缺少可验证的理论框架和基于大样本数据的实证研究。对于第三方评估为什么、如何及在何种情况下会影响政府绩效,上述研究还有待于进一步深入。

已有国外文献从第三方评估的动因与特征、影响路径和依存条件等方面进行了初步研究,为本书研究的开展提供了有益启示。但是,这些研究在如下方面有待深化。

首先,鉴于国情差异,国外研究发现是否适用于中国还需要进一步研究。在西方体制下,外部或第三方评估的价值和重要性可能远不如在中国,其绩效影响也不尽相同。中国在许多领域的第三方评估都还在摸索和起步阶段,第三方评估机构也还在发展和完善之中,它会通过何种途径和在什么条件下影响政府绩效,仍然是悬而未决和有待研究的课题。

其次,这些研究都是就一般意义上的评估而言的,如满意度测

---

① Heinrich C. J., "Evidence-based policy and performance management: Challenges and prospects in two parallel movements", *The American Review of Public Administration*, 2007, 37 (3):255-277.

评、标杆管理、绩效测评等,并没有针对第三方评估进行专门研究。与常规性的内部评估相比,第三方评估影响政府绩效的路径和条件是否不同?对此,仍然有必要继续研究。将第三方评估对政府绩效的影响同其他评估模式相比较,特别是发现第三方评估发挥作用的独特路径和不同情境,也有助于深化政府绩效管理的理论视角和证据基础。

再次,上述研究聚焦于一般性组织,而未就政府部门予以具体考察,可能会影响研究结果的可推广性。针对企业(如企业社会责任或绿色发展)、[1]非营利组织(如大学)、[2]地区和国家(如世界银行的治理指数、透明国际的清廉指数等)[3]的外部评估与排名层出不穷,但是对政府部门及其项目和政策的第三方评估却还少有研究。受制于不同的制度环境和组织特征,有必要进一步考察第三方评估对政府绩效的影响。

总体来说,对第三方评估的前因、特征与后果都需要全方面地加以系统研究。

首先,政府部门为什么会采用第三方评估?哪些因素推动其采用,哪些因素会阻碍其采用?第三方评估可以用于许多不同的目的,而这些目的可能会影响对第三方评估的采用与否及使用方式。第三方评估既可以带来收益,也需要付出成本,并可能诱发负面影响。因此,政府部门采用第三方评估需要一定的勇气和决心,并要克服一定的阻碍。

其次,第三方评估有哪些模式可以选择?政府部门为什么会选择某种评估模式?

再次,第三方评估的实施效果如何?哪些因素会影响第三方评估效

---

[1] Chatterji A. K., Toffel M. W., "How firms respond to being rated", *Strategic Management Journal*, 2010, 31 (9): 917 - 945.
[2] Aguillo I., Bar-Ilan J., Levene M., "Comparing university rankings", *Scientometrics*, 2010, 85 (1): 243 - 256.
[3] Hood C., Dixon R., Beeston C., "Rating the rankings: Assessing international rankings of public service performance", *International Public Management Journal*, 2008, 11 (3): 298 - 328.

果? 在第三方评估的模式与机制方面,评估目的会影响评估模式选择吗? 评估模式选择会影响评估效果吗? 什么样的第三方机构会提升评估效果,学术机构还是企业,权威还是非权威,国家队还是地方队? 与委托部门的隶属或利益关系,是否会影响第三方评估效果?

最后,第三方评估是否会及如何促进财政支出优化、管理质量提升和公共服务改进? 在环保治理与精准扶贫等政策领域,第三方评估如何提高公共政策绩效? 此外,如何促进第三方评估的采用和推广? 怎样改善第三方评估效果? 第三方评估被认为会通过许多途径影响政府绩效,但是一个相关的竞争性假设是,第三方评估可能会象征性地流于形式或走过场,或者局限于特定的政策领域,或者评估的成本高于其收益,甚至导致意想不到的负面影响。

综上所述,有必要开展更加系统的实证研究,揭示第三方评估影响政府绩效的路径和条件,特别是聚焦中国情境下的政府部门和典型政策领域,对第三方评估发挥作用的驱动因素、作用机制和依存条件进行整合性研究。这方面的研究不仅有利于填补国内研究的不足,还将会为国际评估和绩效管理领域提供比较证据,深化我们对第三方评估的理解。

第三节 本书的核心观点

本书通过大量研究提出如下主要观点。

首先,第三方评估不是万灵药,而是需要因地制宜地采用,并为其有效使用提供相关支持。内部评估和外部评估各有优劣并相互补充,而不是非此即彼的竞争关系。第三方评估需要在评估目的、领导支持、评估参与和评估使用等方面提供足够的组织支撑,否则第三方评估很难发挥应有的作用。

其次,对第三方评估可以从信度、效度和可用性等方面进行评估,而本书通过对既有第三方评估案例的再评估发现,它们在这些方面存在不足并需要进一步提升。就此而言,"打铁还需自身硬",如何提升第三方评估的有效性、可靠性和可用性,是推动第三方评估发展的关键课题。

最后,本书提出了第三方评估影响政府绩效的作用路径,认为绩效反馈、行政问责、组织学习和创新等关键因素是第三方评估影响政府绩效的主要中介变量。尽管还需要进一步的实证检验,但这些中介变量和作用机制是理解第三方评估奏效与否的关键因素。本书也指出,第三方评估如果只是象征性地使用或被误用和滥用,就很难发挥预期作用,甚至会导致适得其反的负面影响。

本书的主要研究方法包括:

1. 文献研究。本书系统梳理了第三方评估的相关文献和国内外实践进展,并据此开发了评估和解释第三方评估的理论框架,可以用于对第三方评估的刻画、评估与解释。

2. 案例研究。本书收集和分析了多个第三方评估案例,使用个案分析法和多案例比较研究法,对第三方评估的信度、效度和可用性等维度进行质性比较和量化分析。

与已有研究相比,本书有以下特点:

首先,本书提出了崭新的研究框架和理论模型,为研究第三方评估提供了参考依据。本书从第三方评估的制度逻辑、作用机制与绩效影响出发,将其同绩效信息使用、问责与声誉管理、循证决策与管理等领域的理论相结合,构建了一个第三方评估的前因、过程与后果的理论模型。该理论框架深化了已有研究对第三方评估的认识,未来还可以在其他领域加以使用。本书的理论贡献在于将政策评估与绩效管理两个研究领域有机衔接,跳出单纯的政策评估视角,从更高层面去研究第三方评估的绩效影响。

第三方评估不应仅仅被视为一项单纯的评估活动,"为评估而评估",至关重要的是要识别第三方评估的作用机制,即第三方评估如何促进政府绩效。第三方评估的作用机理仍然是一个有待揭示的"黑箱",并可能通过组织学习、绩效反馈和行政问责等过程影响政府绩效。因此,有必要从第三方评估的作用机制出发,对其绩效影响进行理论和实证研究。

本书提出了理解、评估和解释第三方评估的整合性理论框架，可以用于对第三方评估的驱动因素、关键特征、作用机制和绩效影响等进行研究。

本书包括的研究内容提出了第三方评估的理论模型，为理解和解释第三方评估领域的许多现象提供了理论依据，也可以在未来的实证研究中加以应用和验证。本书从官僚问责、组织学习、绩效管理等理论视角入手，针对第三方评估对政府绩效的影响进行理论和实证研究，为解释第三方评估的前因后果提供了经验依据。不同于单纯关注第三方评估的研究，本书期望揭示第三方评估"以点带面"对组织绩效的影响。上述理论的有机整合，有利于更系统和全面地理解第三方评估的主要特征与绩效影响，借此解释政府部门为什么、如何及何时能够通过第三方评估改进组织绩效。

目前有关第三方评估影响政府绩效的理论框架仍然在发展之中，已有文献仍然局限于分散化的探讨，这在很大程度上阻碍了作为一个多学科交叉领域的第三方评估的研究进展。本书构建了第三方评估影响政府绩效的理论框架，解释第三方评估对政府绩效的影响路径，并提出了第三方评估发挥作用的权变因素。这一理论框架的完善与验证，不仅有助于解释第三方评估的绩效影响，而且能够经过调整而适用于其他层级、部门和领域。

其次，本书提炼和发展了第三方评估的评估标准体系，为诊断和比较第三方评估的优劣好坏提供了依据。第三方评估层出不穷，但是这些评估可靠吗，有效吗，可用吗？对此，目前还缺少一个可供参考的框架和依据。本书基于组织报告卡、项目评估和绩效排名等方面，提出了一个具有较强普适性的评估框架及具体指标，可以在未来加以拓展和应用。本书的多项研究都通过个案分析和多案例比较，检验了该框架及相关指标的适用性。

本书实证研究了中国主要第三方评估案例的信度、效度和可用性，以及第三方评估对政府行为的影响,廓清了第三方评估的适用范围及其影响路径。

本书通过大量案例比较和定量数据分析,揭示了中国当前第三方评估的主要问题及其绩效影响,在一定程度上发挥了为第三方评估"去魅"的作用。本书综合运用社会调查、文本分析、案例研究、深度访谈和多元统计分析等研究方法,对第三方评估如何影响政府绩效进行理论导向的实证分析,有助于获得对第三方评估的规律性认识。特别是本书使用的深度访谈、问卷调查、案例研究和实验研究,有利于提炼和解释统计分析结果,形成相互支持的证据链条,从而发现第三方评估影响政府绩效的路径和条件。第三方评估有较强的复杂性和环境依存性,通过多种研究方法从多个维度加以研究,能够帮助识别第三方评估的关键特征及其对政府绩效的作用路径。特别是本书引入准实验和自然实验的研究设计,试图揭示第三方评估对组织绩效的因果效应。

最后,不同于已有的理论探讨,本书采用理论导向的实证研究方法,而这有助于揭示第三方评估的现状、特征与问题。本书通过个案分析、多案例比较和量化分析等手段,对第三方评估的特征与影响进行实证研究。目前有关第三方评估的文献以规范研究为主,即探讨第三方评估应该如何发展,但是,有关第三方评估的实证研究,即研究第三方评估的现状和问题是什么的却不多。

本书的多项研究采集了第三方评估案例,并对其进行个案分析、多案例比较和大样本定量分析。这些实证结果将有助于揭示第三方评估的现状和问题,并为完善和改进第三方评估提供经验依据。与此同时,本书从国际比较和历史参照的视角,系统梳理了第三方评估的发展历程与实践经验,具有较高的参考价值。

本书从国际比较、历史回顾和典型实践剖析等方面,系统总结了第三方评估的实践进展和主要问题,为理解第三方评估的未来发展前景提供了纲领性文献。

目前有关第三方评估的讨论较为零散,还没有形成一个系统性和集成性的总结。本书从上述多个方面对第三方评估进行全方位研究，可以为该领域相关学者的进一步研究提供指引。本书聚焦经济增长、精准扶贫和财政支出绩效评估等政策领域的第三方评估，并实证分析第三方评估对政府绩效的影响机制和权变因素。

本书创新了实证研究的策略，可以全面系统地对第三方评估予以研究，有利于更深入地理解第三方评估的前因后果，并为提炼更具一般性和解释力的理论模型提供了条件。特别是本书使用的实验设计思路，可以揭示第三方评估对组织绩效的因果效应。目前中国许多地区和部门都开展了各具特色的第三方评估，因此对第三方评估的研究具有广阔的政策意涵。本书深入探究第三方评估的主要特征及其对政府绩效的影响，这些研究结果将为公共管理人员廓清第三方评估的核心问题，破解第三方评估过程中存在的谬误和偏见，进而通过政策建议推动第三方评估的优化与提升。

第四节　本书的结构安排

本书从理论、案例和政策三个方面切入，对第三方评估的理论与实践进行系统研究。

首先，本书梳理了第三方评估的相关理论、国际经验与历史进程，并提炼本书有待检验的理论命题。本书认为，第三方评估与政府内部评估相比具有一定的特征和优势，但也存在劣势和不足，并非可以放之四海而皆准的万灵药。第三方评估会通过绩效反馈、组织学习、绩效问责、组织创新等机制影响政府绩效，而这些因素是理解第三方评估奏效与否的关键维度。第三方评估的效果如何，在很大程度上取决于第三方评估的信度、效度和可用性等维度，并受到评估目的、领导支持、组织参与、评估使用等因素的左右。上述观点构成了第三方评估的理论框架，为解释第三方评估的动因、过程与绩效影响提供了理论依据。

其次，本书对中国主要的第三方评估实践进行个案分析和多案例比较,并对研究命题进行验证。通过对有代表性的中国第三方评估案例进行深入分析和比较,本书发现第三方评估在信度、效度和可用性等方面仍然存在需要改进之处。尽管是面向同类对象和内容的第三方评估案例,却并没有取得一致性较高的结论,说明评估的信度和效度都有待提升。此外,第三方评估在中国的情境下还面临独立性不足、专业性不够和客观性不强等方面的挑战,需要在上述方面进一步提升第三方评估的公信力和影响力。

最后,结合绩效信息利用、循证决策与管理等方面的理论,本书使用环境保护等领域的数据,实证分析了第三方评估对政府行为的效应和影响。研究显示,第三方评估会对政府信息公开产生显著影响,但是对政府响应行为的影响并不明显。这说明,要想发挥第三方评估应有的作用,还需要强化绩效问责和声誉管理,使被评部门有效使用第三方评估,从而推动第三方评估对政府绩效的正面影响。

与此同时,第三方评估能否对循证决策与管理发挥有效作用,特别是第三方评估提供的证据是否为决策者可用和能用的,还有待于进一步检验。案例综述显示,无论是在信度、效度、相关性还是可用性等方面,第三方评估都同循证决策的要求还有一定距离。因此,在各级政府大力推动第三方评估的时候,特别需要慎重推行并严把评估质量关,避免糟糕的评估导致错漏的决策。结合上述理论与实证研究,本书提出了改进和优化第三方评估的政策建议,并指出了未来研究前景。

本书包括理论、案例、政策三大部分,具体内容做如下安排。

理论部分对第三方评估的有关理论进行梳理,并构建本书的理论框架。

第一章介绍第三方评估的研究背景与问题,探讨第三方评估作为"外来的和尚"是否"会念经"。与此同时,综述第三方评估的研究成果,并概括本书的核心观点与结构。

第二章总结第三方评估的理论视角,探讨为什么需要第三方评估以及第三方评估的特征与优势。与此同时,对第三方评估的独立性进行分析,考察第三方评估是否会"内外有别"。与之相关的问题是第三方评估如何影响政府绩效,第三方评估与循证决策、绩效信息使用等的关系。第三方评估对政策设计、执行与绩效都会产生不同的影响,这需要进行相关理论探讨、案例剖析和实证研究。

第三章介绍第三方评估发展的历史进程和国际经验,具体探讨第三方评估的起源以及美国等主要国家的第三方评估实践。第三方评估在国际组织中应用广泛,本章讨论国际第三方评估实践及启示,总结第三方评估的国际经验。本章还从历史角度探讨第三方评估,总结第三方评估的历史进程。具体对第三方评估进行探源,追溯大学排名、国际排名等第三方评估典型案例的发展历史。与此同时,讨论第三方评估的历史与未来。

第四章介绍第三方评估的分析框架,梳理政府绩效评估及其主体,并对中国政府绩效评估的发展状况进行分析。与此同时,提出第三方评估的五维分析框架,讨论其设计思路与实证结果。作为加强政府外部问责的一种重要方式,政府绩效外部评估自2000年以来在中国发展迅猛,但至今很少有人对此进行研究。为了填补这个研究空缺,本章梳理了中国政府绩效外部评估的发展历程,并提出了第三方评估的评估框架。

案例部分对第三方评估典型案例进行分析和比较。

第五章以连氏城市服务型政府调查项目为例,对第三方评估开展个案研究。近年来中国政府绩效外部评估作为政府绩效内部自我评估的有力补充,日益发展起来,越来越得到政界、学界和社会公众的重视。在不断发展的同时,中国政府绩效外部评估也面临着一系列问题和挑战。作为中国政府绩效外部评估诸项目之一,连氏中国城市服务型政府研究项目自2010年启动以来,在研究思路与研究方法上对政府绩效外部评估进行了一系列探索。本章对连氏项目在2010—2013年的演变和发展历程进行了回顾,分析了连氏项目的发起和组织过程,介绍了连氏项目的理论框架、方法论及面临的挑战,并以连氏项目为例,探讨了中国政府绩效外部评估的相关问题与发展方向。

在个案分析的基础上,第六章对第三方评估进行多案例比较研究。本章选择两个第三方公共服务绩效评价案例的截面资料进行比较,并讨论第三方评估的信度与效度。第三方政府绩效评价是政府绩效管理体系的有力补充,但其发展状况还有待于进一步观察。本章对 A 大学开展的中国城市服务型政府调查和 B 机构组织的中国城市基本公共服务力评价进行比较研究,并实证考察第三方公共服务绩效评价的信度问题。通过比较案例分析,本章发现两项第三方公共服务绩效评价的结果显著正相关,但仍然存在一定偏差,并且不同公共服务领域的第三方绩效评价可能产生截然不同的结果。本章探讨了该研究在理论和政策方面的启示,并提出了完善第三方公共服务绩效评价的对策建议。

第七章进一步对两个案例进行纵贯比较,并提出具体的理论假设,结合多年数据进行量化分析。第三方评估是加强政府外部问责和提升政府绩效的重要举措,至今已有多家第三方机构对公共服务绩效开展外部评估,并形成了各具特色的绩效排名。但是,很少有研究对这些排名的可靠性及相互之间的关联性进行实证检验。本章选取中国两个大型公共服务绩效评估项目,对其评估结果进行截面和纵贯比较。结果发现,两个项目的评估结果总体较为一致,但相关程度不高,且在不同年份和不同领域的相关关系也不同。在环境保护和公共安全等竞争性和排他性都较低的领域,两个项目的评估结果高度相关;但在其他领域,二者的相关关系较弱。时间差距越小,两个项目自身及相互之间的相关关系就越高。这些方面的不同,可能与两个项目在指标设置、抽样设计和加权方法等方面的差异有关。本章讨论了上述研究的启示,并提出了应用和推进第三方评估的政策建议。

第八章进行多案例比较,选取 11 个第三方评估典型案例,运用本书开发的评估框架对其进行评估和比较。通过对有代表性的第三方评估项目的绩效评价发现,尽管中国政府绩效外部评估的总体质量令人满意,但仍然存在一些问题。政府绩效外部评估需要进一步提升其独立性、效度和信度,同时需要将原始数据向社会公众发布,以利于重复和验证。这些方面的改善，可以进一步提升政府绩效外部评估的质量、信度和功能性。虽然政府绩效外部评估是强化政府外部问责的有力工具，当前在中国也是十分必要且发展迅猛，但要建立有效的政府绩效管理系统，在加强科层控制和内部问责的同时需要推进外部民主问责，还需要系统性的政治和行政改革。

政策部分对第三方评估的主要问题和未来前景进行讨论。

第九章以城市排行榜为例，探讨了城市绩效排名的特征与影响。具体来说，作为第三方评估的城市排行榜，会引起城市决策者的关注，并可能影响其行为。伴随着中国城市化进程的日益加快，对城市发展的评价和排名越来越多，城市排行榜作为一种社会现象愈来愈引起人们的广泛关注。本章提出了一个解释城市排行榜供给与需求的理论分析框架，对中国城市排行榜的历史由来、发展状况、主要问题和发展趋势等进行了初步的理论探讨，并提出了未来有待研究的关键问题。本章指出，城市排行榜的出现、特征与影响等是未来研究的重点方向。

政府绩效评估产生了大量绩效信息，如果得不到充分使用，绩效评估效果将大打折扣。第十章系统整合了已有的理论和研究文献，对政府绩效信息使用的内容、使用者、使用目的、使用方式、使用场域、使用结果和影响等关键问题进行述评，指出现有研究存在的若干局限，并展望未来研究的主要方向。政府绩效信息使用是目前政府绩效评价与管理领域的研究热点，学者们探讨了绩效信息的来源与特征、绩效信息的使用类型，以及绩效信息使用的影响因素。第三方评估能否奏效，至关重要的是其提供的绩效信息能否得到决策者的使用，因此对绩效信息利用的研究和第三方评估密切相关。

第十一章对第三方评估和循证管理的关系进行了探讨。"循证"是从医学循证借鉴而来的，在决策、管理与政策领域得到广泛应用。但是，围绕循证决策与管理也存在很激烈的理论争议。本章分析了第三方评估与循证决策的关系，认为第三方评估的关键在于为循证决策提供可靠的绩效信息。

第十二章是本书的结论与展望，探讨了第三方评估的实践与研究"何去何从"的问题，并对第三方评估如何练好"内功"与利用"外力"进行了讨论。最后，本章总结了第三方评估的推进策略，为政府部门更好地利用第三方评估提供决策建议。

第二章 第三方评估的理论视角

本书旨在研究第三方评估如何改进组织绩效,提出理论框架,并基于中国地方政府实践开展实证分析(具体如图 2.1 所示)。我们期望揭示第三方评估影响政府绩效改进的作用机制和权变因素,借此提出第三方评估能力建设的指导意见,使第三方评估能够真正提升政府绩效。

第一节 "外来的和尚好念经"?

政府部门为什么采用第三方评估?第三方评估方案是如何设计的?第三方评估机构是如何被遴选和监督的?第三方评估的使用情况如何?这些问题有关第三方评估的关键特征,也是影响其效果的主要因素。一些政府部门可能是出于实际需要而引入第三方评估,另一些部门则可能是为了跟风"赶时髦"或回应上级要求。

从已有文献可知,组织内部和外部的因素都会影响某种创新或政策的扩散。组织的规模、资源、能力、动机和需求,上级部门的激励和压力,同级辖区和部门的学习与竞争,这些因素都会综合作用于第三方评估的采用和扩散。因此,本书将借鉴创新采纳理论、政策扩散理论和制度理论,研究第三方评估的采用动因和扩散特征,解释政府部门为什么引入第三方评估。

政府高度重视第三方评估,邀请第三方机构对政府政策进行评估,并要求相关部门整改落实。与政府部门的自查自纠相比,第三方机构相对独立、专业、科学,其评估报告也更为真实可靠。但是,第三方评估真的像人们想象的那样靠谱吗?虽然第三方评估可以相对独立自主地去"说真话",但并不意味着其评估结果就令人信服。我们调查的一些第三方评估并没有披露其数据来源和计算方法,这样就无法重复其评估过程,并可能影响其公信力。

尽管第三方评估的独立性相对较高,但是第三方评估机构能否真正做到独立、自主和无偏也同样令人关注。无论是学术机构还是新闻媒体,都同政府部门有着千丝万缕的勾连,"体制内"的约束仍然无法回避。即便是海外机构发起的第三方评估,也仍然无法做到完全独立自主。与此同时,如何理解和衡量独立性,还需要进一步研究。

国务院和各级政府部门曾花费大量精力去清理整顿各类评比达标表彰活动,以使政府部门摆脱不必要的和恼人的评选活动。备受推崇的第三方评估是否会重蹈覆辙,成为政府清理的对象,则有待观察。但是,如果不能进一步提升第三方评估的信度、功能性和效度,那么就可能使评估走样、变形或被"束之高阁",甚至产生适得其反的负面影响。

本书将对第三方评估的目的、模式、参与和支持情况、过程与结果使用等维度进行刻画,揭示第三方评估的驱动因素及其主要特征。虽然第三方评估可以被笼统地视为一种评估模式,但是它却可能表现出许多不同形式。比如,政府部门可以采取总包制、分包制或并行制等方式委托第三方评估,这可能会影响第三方评估效果。此外,政府选取的第三方评估主体的资质、能力、独立性和专业性等也会影响第三方评估的效果,以及第三方评估对组织绩效的作用。对第三方评估的相关要素展开研究,可以凝练其关键因素及影响第三方评估效果的路径,为识别第三方评估影响组织绩效的权变因素提供依据。

本书的研究将致力于揭示第三方评估对组织绩效的作用机制,因为第三方评估对政府绩效的影响过程就像一个尚未揭开的"黑箱",有待于在未来研究中予以揭示。如果无法破解第三方评估对组织绩效的影响过程和作用机制,就很难理解第三方评估为什么会和怎样影响政府绩效,也就无法指引和优化第三方评估的未来发展。既有研究都基于理论探讨和个案分析去探究第三方评估影响组织绩效的作用机制,但是尚缺乏系统性的实证研究证据。本书期望基于实证研究,揭示第三方评估影响政府绩效的路径和机制。

本书还将明晰第三方评估影响组织绩效的权变因素,因为第三方评估并非发生在真空之中,它也并非放之四海而皆准的"万灵药",而是因时因地因人而异。因此,只有明晰第三方评估影响政府绩效的依存条件和权变因素,才能确定第三方评估的适用范围和领域。已有研究提出了第三方评估在何种情况下应该使用或较为适用,但是却仅限于理论探讨,而并没有实证检验这些猜测的预测力。本书将基于权变理论,通过实证研究揭示第三方评估影响政府绩效的调节变量及其调节效应,明晰第三方评估提升政府绩效的条件和情境(如图 2.1 所示)。

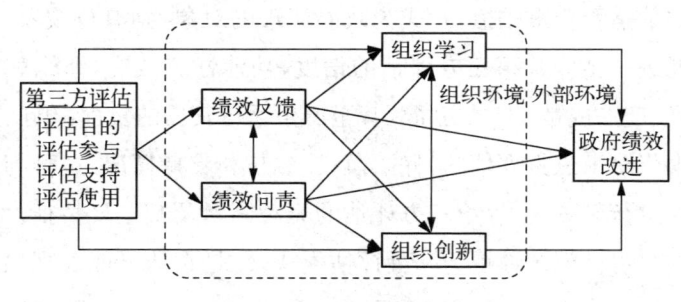

图 2.1 本书的理论框架

第二节 第三方评估如何影响政府绩效?

第三方评估对政策和组织的影响可能并非是直接的,而是间接对绩效产生影响,因此需要对其影响路径进行研究。识别第三方评估通过何种变量和机制对政策和组织产生影响,有利于我们更深入地理解第三评估的作用机制,并为识别其影响机理提供启示。

第三方评估在许多方面都同内部评估有所不同并存在比较优势,可以为政府部门提供可用的绩效信息,并有助于诊断问题和发现不足,从而为改进绩效提供了条件。这也是为什么许多政府部门纷纷引入第三方评估,并将其作为加强政策落实和提升政府绩效的"抓手"的原因。具体来说,引入第三方评估能够使组织获得新的绩效信息和管理知识,有利于组织提升能力和声誉,进而可以提高组织绩效。第三方评估作为外部监督手段,通过公众参与、专家咨询和媒体监督等渠道,可以形成更强的问责氛围和监督压力,推动组织绩效改进。来自第三方评估的各种新观点、新见解和新证据,为组织学习和组织创新提供了契机,并可以推动组织变革和绩效改进。因此,本书有待检验的核心研究假设是:

假设1 第三方评估会提升政府绩效。

与之相关的竞争性假设是,第三方评估同政府绩效的相关关系不显著,甚至会出现负相关的情形。这可能是因为第三方评估被象征性地使用,流于形式或走过场,无法对组织绩效产生实质性影响。也可能是因为第三方评估局限于特定政策或某个时期,无法"以点带面"或"举一反三",难以真正影响组织绩效。还有可能是因为第三方评估的成本远高于收益,导致出现得不偿失的局面。此外,第三方评估还可能导致意想不到的负面影响,如第三方机构与被评部门共谋或沆瀣一气,导致评估结果造假或失真,使第三方评估对组织绩效产生负面影响。因此,本书将深入研究第三方评估对组织绩效的作用,并实证分析第三方评估究竟会在多大程度上影响组织绩效。

如果第三方评估可以改进政府绩效,那么第三方评估是如何影响组织绩效的?哪些因素是关键的中介变量?第三方评估影响政府绩效的作用机制是什么?结合上文中的理论回顾和文献综述,本书将聚焦绩效反馈、绩效问责、组织学习、组织创新等因素,将其视为第三方评估影响政府绩效的中介变量,并对其相互之间的作用路径进行研究。

首先,第三方评估是重要的外部绩效反馈机制,能够为政府部门提供常规考核和组织运转所无法发现的绩效信息,这有利于组织诊断问题、识别差距和瞄准方向,进而可能促进组织绩效提升。据此,本书将验证如下研究假设:

假设2 第三方评估与绩效反馈正相关,会为政府部门提供可用的绩效信息,使其诊断与识别组织发展中的关键问题和绩效差距,进而有助于提升组织绩效。

其次,第三方评估作为一种外部监督手段,是一种有力的问责机制,可以通过绩效问责影响组织绩效。绩效问责基于政策或项目的绩效与结果对部门和人员进行问责,这不同于合规问责或程序性问责,因此可能会影响组织绩效改进。第三方评估的外部监督机制还会影响政府部门的上级主管部门和其他利益相关者,进而对其产生由外而内的问责压力,并推动组织绩效提升。据此,本书将验证如下研究假设:

假设3 第三方评估与绩效问责正相关,会通过外部监督和内部施压而强化基于绩效的官僚问责,进而提升组织绩效。

再次,第三方评估是重要的知识来源,会为组织学习提供机遇。第三方评估不仅为组织提供了外部知识,而且会推动组织内部知识管理和组织学习,进而强化组织能力并提升组织绩效。第三方评估不仅局限于特定项目或政策,还会为组织提供"举一反三"的机会,使组织通过第三方评估扩容知识并提升知识管理能力。据此,本书将验证如下研究假设:

假设4 第三方评估与组织学习正相关,会创造组织学习氛围、更新组织学习文化,为组织成员提供新鲜知识和学习机会,进而提升组织绩效。

最后,第三方评估作为"外脑",为政府部门提供了大量新鲜的观念、技术、实践和建议,这些都使组织可以效仿、再造和创新,对政府部门的既有组织架构、项目运营、服务属性和外部关系等维度产生影响。第三方评估可能发挥"催化剂"的作用,促进组织创新和变革,进而提升组织绩效。据此,本书将验证如下研究假设:

假设 5　第三方评估与组织创新正相关,会推动组织变革和采纳创新,进而强化组织能力并提升组织绩效。

绩效反馈、绩效问责、组织学习、组织创新之间并非并列关系,而是同样可能存在相关性。比如,绩效反馈可能影响组织学习和组织创新,而组织学习又可能影响组织创新。更为重要的是,这些变量会进而影响政府绩效改进,因此是第三方评估提升政府绩效的中介变量。此外,可能还有第三方评估的其他作用机制需要在未来予以揭示和细化。据此,我们可以对应提出这些中介变量的中介效应假设,在此不赘述。

第三节　第三方评估何时奏效?

第三方评估能否及何时会影响政府绩效,取决于许多权变因素。为此,需要研究第三方评估在何种情境和条件下会产生促进作用。如前所述,第三方评估对政府绩效的影响仰赖一定的条件,这些是左右第三方评估效果的调节变量。对于有些部门而言,第三方评估可能较为合适,并会发挥积极作用;但是对于有些部门而言,因为环境制约和准备不足等方面因素的影响,第三方评估未必会产生预期效果。因此,识别第三方评估提升组织绩效的权变因素和依存条件,是加强第三方评估能力和提升第三方评估效果的关键所在。具体来说,包括评估目的、评估参与、评估支持和评估使用在内的因素,都会影响第三方评估对政府绩效的作用强度乃至方向。基于上述讨论,可以提出第三方评估影响组织绩效的如下权变因素及其调节效应。

首先,如果评估不是以绩效改进为核心目的,那么就很难期望其对组织绩效改进有所助益。第三方评估的目标和定位具有引领作用,会在很大程度上决定评估基调和走向,并会影响评估效果。第三方评估既可以用于组织内部绩效改进,也可以用于组织外部问责,还可能是为了满足政治目的或象征意义。以问责为目的的第三方评估，可能压抑组织学习和创新的潜能，甚至诱发弄虚作假现象，不利于组织绩效改进。完全象征性和追求合法性的第三方评估，则可能流于形式或走过场，对组织绩效的影响不明显。据此，本书将验证如下研究假设：

假设6　与以象征或问责为主要意图的第三方评估相比，以改进为目标的第三方评估对政府绩效的影响力度更强。

其次，来自组织内部的参与对于第三方评估的顺利实施至关重要，因为第三方机构非常依赖组织内部提供的信息和资源。第三方评估并非完全独立于被评组织，而被评组织的参与和支持在很大程度上决定了第三方评估的效果。如果被评组织不配合和参与，第三方机构便难以获得真实、全面和有用的信息，这就无异于"盲人摸象"，无法对组织绩效产生实质性影响。据此，本书将验证如下研究假设：

假设7　来自政府部门的参与和支持越多，第三方评估对政府绩效的作用程度越大。

再次，组织高层对第三方评估的关注和支持，会在很大程度上左右第三方评估的成败及其对组织绩效的影响。官僚组织存在很强的上行下效倾向，组织高层对第三方评估的态度和行为，会深刻影响组织成员如何使用第三方评估。如果第三方评估得出的结果和提出的建议只是"耳旁风"，得不到组织高层的关注和使用，就很难落地和奏效，因而也无法影响组织绩效。据此，本书将验证如下研究假设：

假设8　当第三方评估获得政府部门高层的支持时，它和政府绩效的相关关系更强。

最后，评估过程和结果能不能得到切实使用并影响组织决策和行为，是第三方评估在多大程度上会改进组织绩效的关键所在。如前所述，第三方评估的关键在于是否可以得到被评组织的有效使用。第三方评估提供的绩效信息只有得到管理者的注意和使用，才会真正改变组织运作和管理，进而对组织绩效产生影响。据此，本书将验证如下研究假设：

假设9 当第三方评估得到较高程度的使用时,它对政府绩效的影响更大。

当然,绩效信息使用包括许多类型,既有正面的使用(如在预算、项目管理和人事领域的使用),也有负面的使用(如用于政治目的)。此外,组织内外的环境因素,以及被评部门和第三方评估机构的互动关系,也会影响第三方评估的作用强度。比如,第三方评估对政府绩效的作用,在一定程度上取决于组织自身的评估基础设施和评估能力。第三方评估与政府既有的内部评估之间的关系(竞争、互补或相对平衡并存),也会影响第三方评估对政府绩效的作用强度。再如,来自新闻媒体、社会公众和专业机构的外部监督,以及他们对第三方评估的关注,可能会强化第三方评估对政府绩效改进的作用。限于篇幅,这些方面的因素在此不赘述,将在本书的研究中予以深化和细化。

第三章　第三方评估的历史进程与国际经验

我们每天都会接触大量对不同对象的各种各样的排名、打分和排行榜。为什么会出现如此之多的排行榜？从什么时候开始排行榜变得如此之多？关于第三方评估的起源和发展，并没有确凿的资料可以考证。尽管有关评估和排名的研究是晚近的事情，但是第三方评估的实践历史却非常悠久。本章简要回顾公共服务评估、大学排名、国际排名等的发展，并对其发展历程进行简要回顾。由于跨国排名较多且有典型性，本章以国际排名为例，对第三方评估的起源和演变进行探讨。

第一节　第三方评估的起源与演变

第三方评估或外部评估是由包括新闻媒体、智库、咨询公司、利益集团和学术机构等非政府机构发起和实施的政府绩效评估。无论是国际组织对各国政府绩效的评估，还是许多机构对地方政府绩效的排名，都属于第三方评估。例如大学排名、医院排行榜、公共服务满意度调查、政府清廉指数、宜居城市排名，等等。当然，这些第三方评估既可能是政府部门委托其他机构（第三方）完成的，也可能是第三方机构独立和自发开展的。

与第三方评估最接近的概念,就是组织报告卡(organizational report card)。所谓组织报告卡,指对组织绩效进行的定期和系统的评价,往往以"报告卡"的格式呈现,便于组织之间比较和对标。① 据格姆雷(Gormley)和韦默(Weimer)对组织报告卡的考证,美国早在1840年就出现了对公共服务的评价和排名。而在英国,最早在18世纪末就出现了有关公共服务的排名。② 尽管第三方评估的历史可能比美国和英国的这些早期尝试更悠久,但其蓬勃发展却迟至20世纪下半叶,特别是最近30年。

政府掌握了各类公共服务及其提供组织的信息,这使政府发布的信息往往成为人们了解公共服务绩效的主要来源。但是,随着公共服务日趋专业化,以及外包、民营化等越来越流行,政府部门也需要委托第三方部门对公共服务进行评估。与此同时,民众对公共服务绩效的需求也日趋多元,这催生了第三方评估的涌现。比如,人们在进行择校、就医、迁址、就业等决策时,需要对城市、学校、医院、社区等的各方面情况进行评价,而这使组织报告卡等第三方评估应运而生。

以第三方评估应用广泛的大学排名为例,我们可以从其演进过程中认识第三方评估是如何发展起来的。最早在英国和美国出现的大学排名,主要是为了对名人效应进行解读。在1900年代,人们看到许多社会名流和贤达人士从大学毕业,这使他们开始以大学培养的人才数量来衡量其质量。此时的大学排名并不关注院系和教授的产出,而更多注重大学整体所"生产"的毕业生及其成就。比如,一些机构会统计大学毕业的学生有多少进入了"名人录",据此来说明大学的质量③。1910年,美国

---

① Gormley W. T., Jr., Weimer D. L., *Organizational Report Cards*, Cambridge, M. A.: Harvard University Press, 1999.
② Hood C., Dixon R., Beeston C., "Rating the rankings: Assessing international rankings of public service performance", *International Public Management Journal*, 2008, 11(3): 298-328.
③ 参见"The History of College Rankings", http://www.collegerank.net/history-of-college-rankings/.

大学协会受教育研究局的委托对大学进行质量排名,这也是联邦政府唯一一次试图进行大学排名。但是,排行榜在发表前就泄露了,并招致排名偏低的大学的抵制,美国两位总统不得不先后出面禁止官方发布这项排名。这些都可以被视为基于结果的排名(outcome-based ranking),即注重大学教学的结果——学生的质量。

1920年代以来,开始出现基于声誉的排名(reputation-based ranking),主要通过同行评议来反映大学和院系的学术声望。1950年代以来,大学生排名(undergraduate ranking)开始出现并崛起,这同高中生择校热潮的涌现有关,也说明需求推动了第三方评估的发展。但是,总体来说大学排名仍然是曲高和寡,主要是教育领域的专业人士在关注,可以说是"养在深闺人未识"。1983年,《美国新闻与世界报道》的大学排名(U.S. News & World Report Collage Rankings)问世,一改过去大学排名仅仅发表于教育期刊、晦涩难懂而无人问津的格局,开始由擅长宣传的新闻编辑操刀,迅速得以流行并深刻影响了学生的择校和大学的声望。此后,越来越多的大学排行榜涌现,并开始越来越多地使用更加多元和综合的评价指标,使排名的全面性日趋提升。这也使大学排名成为一个大产业,使许多人看到了其中的商机,并反过来推动了大学排名的发展。

伴随高等教育的国际化趋势,大学排名开始走出国门,国际大学排名也日趋风行。2003年,上海交大世界大学学术排名问世,虽然一开始是为了将中国大学同国际竞争对手相比较,但经《经济学人》发布后很快就为其他国家所关注。2005年,英国《泰晤士报》高等教育版推出世界大学排名,而《美国新闻与世界报道》在2008年才推出其国际版的大学排行榜。此外,QS大学排行等后起之秀也越来越流行,成为国际学生择校的重要参考。

大学排名的出现和流行也招致高等教育界的抵制,因为排名既让人们有了简单直观的参考依据,也让大学陷入恶性竞争的怪圈。没有任何一个大学排名可以说是完美之物,都存在这样或那样的不足或缺陷,无法让每一所大学满意。所以,从1995年以来就出现了大学、大学校长、大学生等群体的抵制和联名抗议,认为大学排名无法客观公正地评价大学质量,并让大学被各种排名"牵着鼻子走"。

当然,大学排名也的的确确带来了许多正面和负面的影响。大学排名为学生择校提供了参考,一定程度上让许多家庭有据可循。大学排名也让大学之间的竞争日趋激烈,并推动优质资源更合理地配置。大学管理人员会利用大学排名来调整资源配置,借此改善教学和研究并提升其排名。当然,大学排名也为人们玩"排名游戏"提供了契机,比如为了排名而排名的各种行径,以及大学排名背后的政治和妥协。①

从上面对大学排名的演变历史进行的简短回顾可以看到,西方国家大学排名是以民间开展的第三方评估为主的,而很少有政府主导的。最早和最主要的大学排名都是第三方机构独立进行的,而政府的参与很少。比如,2013年时任美国总统奥巴马希望联邦政府能够开发一个排行榜,对大学的学费、毕业率、助学贷款、毕业生薪资和低收入学生入学比例等指标进行评价,以使大学正视社会公平问题。但是,由于招致高等教育界的强烈反对,不得不在2015年以失败告终。当然,对中小学等义务教育阶段的学校评估,政府参与得则较多,这同政府的财政投入和控制有很大关系。毕竟,大学主要以私立为主,而中小学则以公立为主。

与之形成鲜明对比的是,中国则恰恰相反,大学排名主要是教育主管部门主导的,尽管越来越多的第三方排名不断引起人们的注意。教育部对大学和学科的排名成为高校最倚重的指挥棒,因为官方排名背后是教育资源的配置和高校领导的去留。与之相比,第三方排名则主要为教师、用人单位和学生服务,为教师求职、用人单位选聘和学生报考提供指南。不同的用户群体造就了不同的第三方评估市场,也使第三方评估呈现出分化趋势。

---

① 参见"History of Rankings, The Pros and Cons of Rankings", http://education.stateuniversity.com/pages/1857/College-Rankings.html。

就上面的分析而言,第三方评估的产生、演变和发展是一个从供需失衡走向供需平衡的过程。第三方评估本质上是通过外部评估提供绩效信息,而绩效信息的供给满足了需求,需求又催生了供给。当完全不存在正式的系统评估时,第三方评估可能是最先出现的。但也可能是因为政府自身的评估不完善或不足以满足需求,所以才会使第三方评估应运而生。因此,基于不同的发展情境和历史背景,第三方评估的起源和演变会有所不同。

第二节 为什么第三方评估如此之多?

我们生活在一个信息大爆炸的时代,每天扑面而来的都是各种各样的资讯。这使我们需要一些较为简单明了和直截了当的信息,帮助我们做出许多重要决策。在这种背景下,排行榜或排名应运而生。排行榜虽然包含的信息有限,但却是基于大量数据浓缩而来的精华,所以一经推出就备受关注。于是,有关各种事物的排行榜层出不穷,如大学、明星、城市、基金会、企业等。究其原因,排行榜的供给方、需求方和排名对象都对其有强大的需求。

首先,排行榜对信息的加工处理虽然"简单粗暴",但是其简洁、浓缩的信息特征却迎合了人们的消费需求,成为人们的不二选择。以特别抢眼的城市排行榜为例,来自消费者的需求催生了大量城市排行榜的涌现。中国目前有将近六成的人口生活在城市地区,还会有更多的人口涌入城市,并在不同城市之间流动。每个生活在城市的人,都想知道自己所在的城市表现如何,其他城市是否值得一去。但是,人们每天忙于工作和家庭琐事,淹没于信息的海洋中,因此需要快速获取和消化有价值的信息。人们不会深究排行榜的依据到底来自哪里,也没有了解这方面专业知识的时间和精力。所以,各类城市排行榜应运而生,在很大程度上是为了满足城市人的信息消费需要。

其次,咨询公司、智库和研究机构都需要使用排行榜这样的"吸睛"

利器,去吸引公众和媒体的注意力,并树立自己的公信力和影响力。开发排行榜的既有学术机构和研究人员,也不乏新闻媒体和咨询公司。各类机构发布的排行榜及其相关报告一般都是可以免费浏览的公共信息,发布机构也往往不吝于委托新闻媒体去扩散和传播排行榜的相关信息。这样来看,排行榜是一个"赔本赚吆喝"的买卖,因为人人都可以简单检索并得到排行榜,并不需要付费阅读。但是,许多人又都从排行榜获取暴利并"一夜爆红",可以说这是一个"稳赚不赔"的行当。

排行榜的制作和发布之所以令相关机构"一夜爆红"甚至"稳赚不赔",就在于排行榜所蕴含的能量和影响。排行榜所披露的信息其实并非研究报告的全部内容,人们要想了解自己为什么排名那么高或那么低,则需要另外付费。特别是被排名的对象,有时不得不花费不菲的咨询费来获得这些内部信息,以及如何提升排名的"诀窍"。因此,尽管排行榜看似免费公开的非营利产品,实则可以成为"名利双收"的利器。

被排名的对象(城市、大学、政府、企业)对排行榜高度关注,因为排名会影响它们在社会舆论中的形象。假如这些排名破绽百出甚至胡言乱语,那就更需要高度重视,予以驳正,否则就可能因"以讹传讹"而影响自身声誉。特别是各地城市政府在这方面有很大需求,一方面需要通过排行榜去推动城市营销,使城市的形象和声誉得到更大程度的提升;另一方面,又可以将排行榜上的其他城市作为标杆,更容易地对标与看清本地和其他城市的优势与差距。

总之,来自发布方、需求方和排名对象等多方面的需求,催生了各类排行榜,使各类排行榜越来越多。与此同时,排行榜也成为一个蓬勃发展的产业。无论是排行榜的研制者和发布者,还是排行榜的消费者或受众,抑或是排行榜所针对的对象,都越来越离不开排行榜,并对它既爱又恨。

在各类排行榜中,对城市公共服务的排名最受关注,因为城市本身的题中应有之义就是集中提供各类优质公共服务的所在。公共服务提供同城市政府的关系密切,也因此,城市公共服务的排行榜,就意味着

"点名"城市政府。发布城市排行榜的许多机构都是独立于政府(第一方)和民众(第二方)以外的第三方,所以可以将其称为第三方评估或外部评估。

第三方评估是加强对政府的外部问责和提升政府绩效的重要举措,至今已有多家第三方机构对公共服务绩效开展外部评估,并形成了各具特色的绩效排名。一些评估完全依据官方统计数据,对各类公共服务的投入和产出进行核实,并得出公共服务效率的排行榜。还有一些排行榜依赖于对服务对象的抽样调查,通过客户满意度的形式进行测评。

第三节 国际第三方评估的演变与发展

一、为什么会有国际评估和排名?

国家之间相互施加影响,除了物质奖惩以外,更重要的是施加社会压力。如今,武力干预越来越不划算且不被国际规范所接受,全球经济一体化使贸易制裁也变得越来越难。而随着信息技术的普及,信息收集和传播的成本却越来越低。于是,收集各种各样的信息并发布绩效指标和国际排名,就成为对其他国家施加影响的重要手段。对各国政府绩效进行排名,愈来愈成为影响国家政策的"软实力"手段。[1] 于是,层出不穷的全球绩效指标正在成为国际政治与外交关系的重要"砝码"。

社会压力是国际关系中的一种主要治理工具,而全球绩效指标的广泛影响也越来越凸显。无论是信用评级、清廉指数,还是幸福排名,越来越多的绩效指标被用于国家比较和排名。即便国际排名是一种单边行为,但其影响却不可小觑。学者们认为,"全球绩效指标"经常被各国政府、政府间组织或私营机构使用,以博取人们对这些国家在特定政策领域的相对绩效的关注。这些指标只有是公开的,涵盖许多国家,意在影

---

[1] Kelley J. G., *Scorecard Diplomacy: Grading States to Influence Their Reputation and Behavior*, New York: Cambridge University Press, 2017.

响国家政策,且是经常性和跨国可比的,才能产生实质性的影响。

对各个国家的活动、政策及其质量等进行定量评价和排名并非什么新鲜事,要知道主权信用评级在1916年就出现了。但是,绝大多数的国际排名都是1990年代以来出现的。据统计,过去的10多年平均每年都会新增超过8个全球绩效指标,迄今已有超过160项国际排名。"全球绩效指标"的发展大致可以分为两个阶段:1970年代至1990年代的国际排名,主要是为政策制定提供信息;1990年代以来的国际排名,则越来越表现出影响和干预国家政策的强烈意图。

在这些全球绩效指标中,近60项是有关经济发展的,40余项是关注社会问题的。此外,还有许多国际排名是针对发展、治理、环境、金融、教育、性别平等、人权和自由、冲突与安全领域的,可谓包罗万象。国际法和国际组织的兴起,使越来越多的全球绩效指标得以产生。接近四成的国际排名是由非营利组织发布的,接近四分之一的由政府间组织开发,其他的则来自私营企业、大学和智库等。

二、"数字政治"的影响机制

国际排名的关键特征,就是各种信息的"指标化"——将民主、自由、发展等许多复杂的概念简化和量化,并对各国的表现"评头论足"。这种简单有效的排序信息,使人们花几秒钟就可以对各国表现一目了然,因而具有强大的传播力和影响力。据统计,接近一半的全球绩效指标纯粹是国际排名,大约三成的则包括排名和评估,所以总计有80%的指标以给各国"排队"为目的。总体来看,绩效指标主要通过三种机制影响国家政策,分别是国内政治、精英政治和跨国压力。①

首先,围绕敏感话题的负面国际排名会激化国内矛盾,并动员民众和非营利组织等相关主体对国家施压。国际排名会唤醒这些群体对某

---

① Kelley J. G., Simmons B. A., *The Power of Performance Indicators: Rankings, Ratings and Reactivity in International Relations*, 2014.

个政策问题的意识,而这些群体也可以拿着国际排名这个"武器"来争取政治支持。

其次,排名糟糕的国家的政府和领导人会极力推动政策变革,以摆脱国际排名带来的污名。国际排名设定了评判各国行为与政策的价值标准,在点名羞辱某些国家的同时,也在不断刺激国与国之间的竞争。

最后,由于许多排名都依靠相同的数据来源,一个国家在某项排名上的糟糕表现可能诱发连锁反应,使其他相关排名跟着遭殃。排名较差的影响是实质性的,如果某国在营商环境或清廉指数上的排名靠后或下滑,就会影响其市场预期和投资价值,进而影响其国际声誉和发展前景。

上述机制综合作用,使国际排名对国家产生影响,并刺激国家采取行动改变政策。比如,2000年9月联合国召集主要国家设置千年发展目标,在2015年达到消除极端贫困和饥饿等八项经济社会发展目标。刚刚发布的终审报告显示,绝大多数目标得以实现。

但是,并不是谁都能开发绩效指标并施加影响。只有资源富足且享有声望的国家,如美国、瑞士,以及许多国际组织,才有能力获取和使用这种信息权力。据统计,超过一半的国际排名机构的总部设在美国,其次是英国、瑞士、德国、比利时、法国等其他发达国家,来自发展中国家的不足10%。

三、国际排名产生影响了吗?

国际排名对国家政策的影响,已经得到一些实证研究的支持。有研究发现,世界银行在2003年推出的营商环境排名,大约推动了各国的2000种商业制度改革。美国贸易代表办公室发布的《特别301报告》,对各国知识产权保护情况进行评估,使包括中国在内的多个国家调整了知识产权保护政策。经济合作与发展组织(OECD)发布的国际学生能力评估(PISA)大大震慑了德国等排名靠后的国家,使其出台了一系列教育改革政策。但是,针对国际排名影响的系统性评估还不多见。

最近,有学者以人口贩卖为例,研究了美国国务院2001年以来每年都发布的"年度人口贩卖报告"产生的影响。① 美国作为"全球警察",经常对其他国家"指手画脚",如发布国别人权报告或将某些国家列入"黑名单"。一些人认为美国的这种做法并没有什么用,但是最近的研究显示,被"点名"的国家的确会有所反应。研究发现,美国成功地通过发布各国人口拐卖报告,刺激了其他国家将人口拐卖入刑。国际排名的发布者以及国际排名本身的特征,是其能否施加影响的关键因素。

在这一报告中,美国监测了人口贩卖严重的国家(即案件超过100起的国家),并根据问题严重程度将其分为三级,其中第三级国家的人口贩卖最突出。2004年,该报告引入"观察名单",重点关注介于第二级和第三级之间的国家。研究显示,大量媒体跟踪报道该报告披露的信息,特别是评级靠后的国家更是饱受抨击。这些负面报道和广泛关注,使被评国家遭受国内外的政治压力,并可能千方百计地去提升评级。

将人口贩卖定罪,是治理该问题的主要手段,也是美国所极力推崇的政策。最初只有10%的国家将人口贩卖入刑,但如今却有超过70%的国家这样做,足见该报告的影响之大。研究发现,在排除了人口贩卖情况、非营利组织数量、人权、法治和腐败等因素的影响后,数据显示:被监测的国家,被列入"观察名单"的国家,以及排名降级的国家,都更有可能将人口贩卖定罪。② 换句话说,监督、羞辱、降级和威慑等手段,都会推动这些国家朝着美国期望的方向调整政策。

与未被该报告监测的国家相比,被监测的国家将人口贩卖入刑的概率提高了接近四倍。美国政府可以拒绝对被纳入该报告的国家提供经济援助,研究者发现,期望获得美国援助的国家更有可能按照美国的意图将人口贩卖定罪。研究还发现,即便是被评为第一级的国家,也比未被监测的国家更可能将人口贩卖入刑。但是,被列入"观察名单"和评为

---

① Kelley J. G., Simmons B. A., "Politics by number: Indicators as social pressure in international relations", *American Journal of Political Science*, 2015, 59 (1):55-70.
② Kelley J. G., Simmons B. A., "Politics by number: Indicators as social pressure in international relations", *American Journal of Political Science*, 2015, 59 (1):55-70.

第三级的国家,比位于第一、二级的国家更有可能将人口贩卖定罪。刑法修订是一个烦琐而冗长的过程,研究表明在被评国家降级后的第二到第三年,人口贩卖入刑的概率就提高了两倍。有趣的是,人口贩卖犯罪的案件数量,却不是影响其入刑与否的关键因素。这说明,那些国家将人口贩卖入刑,并不是完全针对本国所面临的问题,而更多的是为了回应美国的诉求。①

美国人口贩卖报告对目标国家产生了很大影响,但是并非所有国际排名都能产生类似的影响。研究者从全球绩效指标的发布者和排名本身两个方面,提出了它们产生影响的关键因素。相对来说,如果国际排名发布者的资源越富足,权威和声誉越高,并居于国际政治格局的核心位置,那么它对其他国家政策的影响就越强。

研究显示,国际排名本身如果在以下六个方面表现突出,那么它的影响也会很强:通过"黑名单"等方式羞辱被评国家的潜力,借力第三方资源施加影响的条件,被评国家的参与和互动,推动被评国家行动起来的能力,排名方法的科学性和可信度,所涉议题领域的敏感性。该研究表明,系统监测和比较各国进展,并将这些信息尽可能广泛地传播,就会形成强大的社会压力和舆论声浪,从而成为提升国际治理能力的关键手段。如果全球绩效指标是由权威组织发布的、系统监测的、定量可比的,被主要机构运用且广泛传播的话,那么它对国家政策的影响就更强。②

四、国际第三方评估的经验与应对策略

中国的信用级别曾被穆迪降级,不仅引发市场担忧,也让中国政府恼怒不已。无独有偶,美国政府又将中国列入人口走私国家的最差档。无论是穆迪信用降级还是人口走私"黑名单",发达国家和国际组织正在

---

① Kelley J. G., Simmons B. A., "Politics by number: Indicators as social pressure in international relations", *American Journal of Political Science*, 2015, 59 (1): 55-70.
② Kelley J. G., Simmons B. A., "Politics by number: Indicators as social pressure in international relations", *American Journal of Political Science*, 2015, 59 (1): 55-70.

通过一系列排行榜、排名和名录等各种"名目",对其他国家施加压力和影响。这些就是所谓的"计分卡外交",即通过国际排名将隐藏于其背后的价值观灌输到各个国家。

在国际关系领域,一个应该引起高度关注的现象,就是出现了越来越多的国际排名,并对各国内政外交产生了持久而深远的干预。最近,斯坦福大学教授朱迪思·凯利出版的专著《计分卡外交:通过给国家打分去影响其声誉和行为》,揭示了国际排名的运作逻辑与外交影响。该专著显示,国际排名通过对目标国家施加压力,使各国政府感受到声誉受损,进而按照国际排名的要求去行动。国际排名凭借强大的话语权和舆论场,将其评估结果固化为国际规范,并使目标国家俯首称臣,乖乖地按照其设定的游戏规则去改变政策。这意味着,通过操纵目标国家的排名,就有可能干预别国内政外交,对他国"指手画脚"。

一些价值中立和科学严谨的国际排名,作为"晴雨表"有利于各国发现问题并改进绩效。但是,如果"外来的和尚念歪经",国际排名是以某些国家或利益集团的意识形态为指挥棒的话,就会被它们"牵着鼻子走"。因此,国际排名有可能成为虚张声势的话语贫乏,甚至是别有用心的政治抹黑。在既有的国际排名中,西方国家总是拿自己的长处与他国的短板相比较,并且使用一套所谓的"普适性"的标准,其本身的逻辑出发点就是值得怀疑的。代表西方价值观的所谓民主自由和人权主张等,可能需要因地制宜而不是放之四海而皆准。按照政治学者贝淡宁的观点,中国的贤能政治不仅历史悠久,而且已充分制度化,并不逊于西方国家的民主体制。如果从政治的终极目标来看,虽然中国与西方国家所走的道路不同,但并不意味着就不能殊途同归。特别是当前西方国家的民粹主义抬头,良序的民主政治受到裹挟,是到了需要反思和回头看的时候了。

中国每每在国际排名游戏中首当其冲地被"点名"而不得不出面澄清或被动应对。反映西方国家价值观的所谓民主、言论和新闻自由,都被注入各种排名,并通过"点名"进行"羞辱式监管"。中国有别于西方国家的独特政治体制和日益崛起的国家影响力，使其在此类排名中很吃亏。从透明国际对中国的清廉指数评分来看，的确就有失公允。2012年以来中国政府加大反腐败力度，在廉政制度建设方面也取得显著进展。但是，透明国际的排名却很难对此进行及时和有效的反映，使中国的得分不升反降。

美国政治学者福山指出，国际组织对中国政治治理的评价和排名可能有失公允，并为中国政府"喊冤"。根据他们对中美两国公务员的调查数据，中国政府在任人唯贤方面表现出众，但在工作自主性和士气方面略逊于美国。尽管福山等的研究存在不足，这种努力仍然是值得肯定的。另一项对中国城市的调查也发现，政府部门对民意诉求的回应率可以和欧美国家相媲美，甚至在有些方面表现更加优异。从这个角度来看，政治体制的差异使国与国之间的比较很难进行。从行政效率和回应绩效等角度去比较不同国家，会有更强的可比性。

与此同时，还应从发展和演进的角度去审视中国。比如，被称为"橡皮图章"的人大和政协，正在发挥越来越具有建设性的作用。虽然它们作为"体制内"的制衡力量仍然以维护现有体制为宗旨，但这不妨碍它们代表民意和推动政府改革。香港学者马丁·潘特也指出，中国和越南在政治改革方面有许多"蛙跳"现象，即并不是按照西方国家推崇的顺序去按部就班地改革，而是可以实现跨越式发展。在某些方面，两国的一些改革举措，甚至比西方国家更加大胆和有力。

带有文化优越性和意识形态偏见的国际排名，具有一定的误导性，并会使人们产生根深蒂固的成见。久而久之，这种主导性的话语体系，甚至可能会使谬论也被视为事实。一些国际排名在许多方面是经不起考证的，但是鉴于其强大而潜移默化的影响力，因此不应对其听之任之，而应采取积极的行动予以回应。国际排名也可以作为有利的外交工具，为中国"走出去"特别是"一带一路"等提供舆论支持。

首先，需要从战略意义上重视国际排名的作用，发展符合中国国家利益和人类普遍认同的价值观的国际排名，争取中国在国际舞台上的话语权,并推动其他国家对"北京共识"等新理念的认同和落实。中国政府不应为任何国际排名"背书",但是可以通过各种渠道和方式去资助与支持高端智库研发国际排名。以亚投行、上海合作组织等为代表的区域性和国家性机构可以研发国家排名,推动中国声音的国际影响力。与国际机构合作推出国际排名,可以借力打力,推动中国主导的国际排名。

其次,加强同国际排名机构的合作与交流,使国际排名能够反映真实的中国。推动政府信息公开,加强政府公共外交,使境外专家学者、媒体、企业、非政府组织和公民能够更全面客观地认识和理解中国。国际排名的重要信息来源是境外专家和消息人士的主观评价,因此通过正面渠道影响这些人群,有利于中国在国际排名中占优。目前国际排名的话语体系和权力格局还很难打破,所以加强同既有国际排名的合作可能是值得探索的途径。与自力更生或闭门造车相比,国际合作的成功率会更高。

最后,有必要资助和支持中国智库对国际排名的研究,揭示国际排名的问题与缺陷。与其通过外交辞令去谴责,不如利用事实和证据去还击。尽管中国的智库正在开发一些国际排名,但无论是科学性还是影响力都还有待提升。应加大对主流国际排名的预研究,做好随时迎战国际排名的准备,避免临阵抱佛脚。与此同时,应对国际排名保持清醒认识,不能完全亦步亦趋地按其行事,应避免国际排名中某些带有意识形态色彩或政治偏见的观点影响中国政策走向。

面对"指手画脚"的国际排名,是被其他国家"牵着鼻子走",还是走自己的路,让别人说去?考虑到中国日益增长的国际影响力,这可能并非一个容易回答的问题。因此,采取上述策略对国际排名进行多管齐下的回应,是未来中国崛起所不应回避的战略课题。

第四章 第三方评估的评估框架与标准

第一节 研究问题

政府绩效第三方评估或外部评估是指由新闻媒体、智库、私营企业、公共利益团体或学术机构等非政府组织发起和实施的政府绩效评估。在西方国家,政府绩效外部评估的历史可以追溯到18世纪,但直到20世纪80年代新公共管理运动(NPM)兴起,系统性的政府绩效外部评估活动才得以在国际范围内出现并繁荣。① 世界银行、联合国、世界经济论坛(WEF)、国际管理发展研究所(IMD)、联合国开发计划署(UNDP)、国际货币基金组织(IMF)和透明国际(TI)等多个国际组织都制定了关于国家治理的各个领域的政府绩效评估计划,并且每年都会发布各个国家和地区的排名。② 此外,许多非营利组织、学术机构、大众媒体和咨询公司也会定期发布各种各样的排名,比如区域竞争力、生活质量和商业环

---

① Gormley W. T., Jr., Weimer D. L., *Organizational Report Cards*, Cambridge, M. A.: Harvard University Press, 1999.
② Hood C., Dixon R., Beeston C., "Rating the rankings: Assessing international rankings of public service performance", *International Public Management Journal*, 2008, 11 (3): 298-328.

境等方面的排名(例如埃森哲和美世咨询公司对城市生活成本的排名)。

部分受到西方国家实践的影响,中国的政府绩效外部评估活动在同期也出现并得到了快速发展。① 包括学术机构、民间智库、非营利组织、大众媒体和咨询公司在内的非政府组织对政府绩效的各个方面,如公共服务供给、政府效能建设、政府透明度、公共服务满意度和电子政府等都展开了评估。尽管在全球范围内政府绩效外部评估活动日益繁荣和重要,但在公共管理领域对它的研究却并不多,只有少数研究涉及。②③④ 例如,关于美国高等教育机构质量的排名比比皆是,但是关于这些排名质量的研究却很少。对中国政府绩效外部评估活动的发展和绩效的研究,状况也大致如此。

本章提出并应用了政府绩效外部评估的质量评价方案,试图回答以下问题:

1. 中国在 2000 年以后为什么出现了一系列的政府绩效外部评估活动?

2. 中国现有的政府绩效外部评估项目的绩效如何?

3. 政府绩效外部评估活动在中国面临什么样的机遇和挑战?

我们认为,本章的评估方案以及研究方法、结果和分析不仅将有助于中国政府绩效评估理论和实践的发展,而且补充了现有政府绩效评估和外部评估的研究文献,特别是对政府绩效评估工具如政府报告卡、计分卡、公共服务绩效排名和标杆管理等的评价。

本章将分为两个部分进行阐述。在第一部分,本章回顾了绩效评估

---

① Walker R. M., Wu J., "Future prospects for performance management in chinese city governments", *Administration & Society*, 2010, 42 (1 suppl):34S-55S.
② Coe C. K., "A report card on report cards", *Public Performance & Management Review*, 2003, 27 (2):53-76.
③ Gormley W. T., Jr., "Assessing health care report cards", *Journal of Public Administration Research and Theory*, 1998, 8 (3):325-352.
④ Piotrowski S. J., Ansah Esi, "Organizational assessment tools: Report cards and scorecards of the federal agencies", *Public Administration Quarterly*, 2010, 34 (1):109-142.

的相关文献,并提出了一个用于分析不同评估主体特点的五维框架,为后文的分析提供理论基础。在第二部分,本章梳理了中国政府绩效外部评估的发展历程,指出它补充了传统的内部问责机制,为中国当前的政治环境提供了有力的外部问责。

第二节　政府绩效评估及其主体

绩效评估是绩效管理的重要组成部分,它可以为管理者提供必要的管理信息,以改进组织管理和实现组织目标。许多和绩效评估相关的话题,如绩效评估的历史、绩效评估的价值、绩效指标的设计、绩效评估在地方政府中的使用、政府绩效评估实施的决定因素和障碍以及绩效信息使用等,都得到了广泛的研究。这些研究的主要目的是帮助公共管理人员了解绩效评估的价值,从而设计全面有效的绩效评估标准,建立绩效评估系统,改进绩效信息的使用,以加强组织控制和实现组织目标。绩效评估在很大程度上被当作强化组织内部自上而下问责的工具。虽然在政府绩效评估中,公民参与的价值一直被强调,但公民对政府绩效的评估要么被认为是不可靠的,要么容易被误用,或者仅仅作为对现有政府绩效评估系统的补充。

在治理时代,政府机构与私营企业、非营利组织及公民合作,共同提供公共物品和共同创造公共价值。负责收集政府内部信息、实施公民调查和分析绩效数据的公共管理人员,不再垄断和控制政府绩效评估活动。为响应社会对政府绩效信息的更多需求,由国际组织、非营利组织、新闻媒体、民间智库、公民团体和学术机构等非政府组织发起和开展的政府绩效外部评估活动,在国际范围内如雨后春笋般发展起来。

这些非政府评估主体在参与政府绩效评估活动时,有不同的动机、价值和评估方法。因此,我们需要制定一个类似于私营部门绩效评估专家所建议的战略绩效评估理论,比较内外部评估主体所提供的绩效指标和绩效信息的有效性。借鉴利益相关者理论,华乐勤和吴建南提出,绩效评估涉及多个利益相关主体,包括政府机构、非营利组织、公民等。[①] 不同的利益相关者在设计绩效指标、收集绩效数据和使用绩效信息方面,有不同的偏好和优势。根据米切尔评分法,利益相关者的重要性可以从三个维度衡量:权力性、合法性和紧迫性。[②] 因此,不同的政府绩效评估主体在政府绩效管理中的影响,取决于它们的利益相关性。但是,利益相关者理论是基于私营部门的情形而发展起来的,如果把它用于研究公共部门绩效评估参与者,则需要做进一步改善。

在本章中,我们提出一个五维框架,用以分析不同主体在参与政府绩效评估时所扮演的不同角色及各自的特征(见表 4.1)。

表 4.1 政府绩效评估主体的五维分析框架

评估主体	独立性	信息可及性	专业性	影响力	问责性
政府	低	高	低	高	内部
公民	高	低	低	中等*	外部
媒体	高*	中等	中等	高*	外部
学术机构	高*	中等	高	低	外部
非营利组织	高	中等	中等	低	外部
私营企业	中等	低	中等	低	外部/内部

注:* 表示在不同政治体制下,绩效评估主体的特征在这五个维度上的表现可能不同。

从表 4.1 可以看出,六种绩效评估主体在独立性、信息可及性、专业性、影响力和问责性这五个方面表现出了不同程度的差异。然而,现实中不同政府绩效评估主体之间的相互作用往往会复杂得多。在政府内部,每个分支机构(立法、司法或行政)都要接受来自其他分支机构的监

[①] Walker R. M., Wu J., "Future prospects for performance management in chinese city governments", *Administration & Society*, 2010, 42 (1 suppl):34S-55S.
[②] Mitchell R. K., Agle B. R., Wood D. J., "Toward a theory of stakeholder identification and salience: Defining the principle of who and what really counts", *The Academy of Management Review*, 1997, 22 (4):853-886.

督和评估;在这一框架中,我们只关注了政府的行政机构。而即使在行政这一分支内,除了职能机构开展的绩效评估活动外,还有审计机构对其不同级别和辖区的职能机构进行的审计和评估。此外,评估者和评估实施者之间也存在显著差异。例如,上级行政机构或政府会聘用外部专业咨询公司来审计和评估其下属单位的绩效。在这种情况下,专业咨询公司可以获取更多的内部信息,其评估活动主要用于内部管理控制和内部问责,而不是外部问责。这与咨询公司自己发起和执行的政府绩效评估项目截然不同。

为了简化理论,本章将绩效评估主体分为六大类,包括政府、公民、大众媒体、学术机构、非营利组织和私营企业,并将它们视为评估实施者。鉴于本章的重点是非政府组织及其与作为被评估者的政府机构之间的互动关系,我们将政府行政机构(包括审计和内部纪律检查机构)都纳入政府绩效评估的范畴。不同评估主体在评估政府绩效方面,有不同的动机和目的。在政府内部,评估执行机构主要通过绩效评估进行管理控制并强化内部科层问责,而司法和立法机构主要用来加强内部和横向问责。大众媒体、学术机构、公民、非营利组织和私营企业等其他评估主体,则主要是为了加强政府外部问责而对政府绩效进行评估。

为了保证绩效评估结果客观地反映真实的政府绩效,负责进行评估设计和指标筛选的评估实施者应该独立于被评估者。但是,由于绩效结果常被用于财政和人力资源分配,或者作为奖励和惩罚工作单位及人员的依据,公共管理者很可能会采取不正当的行为和博弈策略,去操纵绩效信息的搜集和发布过程。因此,公民、学术机构和非营利组织等评估主体的独立性,被认为是政府需要其参与绩效评估的主要原因之一。[1]

在绩效信息的可获得性方面,政府相对于非政府组织具有巨大的优势。即使有政府信息公开制度,非政府组织在获取与政策制定和政策实

---

[1] Arndt C.,"The politics of governance ratings", *International Public Management Journal*, 2008, 11 (3):275 - 297.

施有关的信息方面,也处于非常不利的地位。此外,不同评估主体在收集、分析和报告绩效信息方面的专业水准也不同。其中,学术机构的能力最强,其次是大众媒体和非营利组织。[1] 公民虽然在提供自己的感知数据方面具有优势,但他们通常缺乏分析和报告绩效结果的专业知识。

最后,这些评估主体能在多大程度上影响政府政策的制定和实施呢?作为内部管理工具以及自上而下的控制机制,政府内部自上而下的绩效评估的影响最大;在外部评估中,大众媒体因为能对政府施加外部压力而最具影响力。科普林(Coplin)、梅杰特(Merget)和布尔多(Bourdeaux)指出,正是因为大众媒体的参与,他们的麦克斯韦尔社区标杆管理计划(MCBP)才得以吸引地方政府的注意力,进而影响政府的决策。[2]

综上所述,每个绩效评估主体在五个维度上各有优劣,公共管理者应尽可能将所有评估主体都纳入绩效评估过程之中。只有通过各个主体的合作,政府绩效才能得到全面有效的评估,绩效评估的目标才能得到实现。[3]

第三节 中国政府绩效评估的发展

受历史上计划经济体制的影响,中国政府建立了以目标责任制为主的绩效管理体系。作为一种内部的、自上而下的、目标导向的绩效管理系统,目标责任制在各级政府强制实施,涵盖几乎所有公共管理和政策

---

[1] Coplin W. D., Merget A. E., Bourdeaux C., "The professional researcher as change agent in the government performance movement", *Public Administration Review*, 2002, 62 (6): 699 – 711.
[2] Coplin W. D., Merget A. E., Bourdeaux C., "The professional researcher as change agent in the government performance movement", *Public Administration Review*, 2002, 62 (6): 699 – 711.
[3] Moynihan D. P., Pandey S. K., "The big question for performance management: Why do managers use performance information?" *Journal of Public Administration Research and Theory*, 2010, 20 (4): 849 – 866.

领域,包括经济增长、产业重组和升级、财政收入、社会稳定与发展、节能减排、环境保护等各个方面。一方面,通过强大的绩效目标设定、分级问责和干部晋升激励机制,目标责任制成功地促使地方政府及其官员积极落实上级政府制定的政策和设定的目标,这被认为是中国经济实现奇迹般增长的重要因素之一。但是另一方面,目标责任制深植于中国单一制的威权体制之中,并导致固有性和系统性的功能失常。

由于缺乏制度化的规范,绩效目标通常由上一级党委机关或政府机构领导的个人意愿决定,并导致绩效目标常常自相矛盾,而且忽视了地方的具体情况。通过与严格的官员晋升和惩罚机制以及关系文化的结合,目标责任制还引发了地方政府官员相当严重的反常行为,比如目标替代、短期主义、次优选择、博弈和弄虚作假等。此外,由于其他部门的制衡不够,以及自上而下的"胡萝卜加大棒"式的激励政策,目标责任制会迫使地方政府官员迎合上级政府和领导的利益。因为过度强调目标责任制中的经济增长和社会稳定指标,造成了诸多政治、经济和社会问题。

为了解决这些问题,中国地方政府一直在试图通过各种方式将外部非政府组织(所谓的"第三方")引入政府绩效评估的过程,来改革目标责任制(如表 4.2 所示)。

表 4.2　不同评估主体在中国地方政府绩效评估中的参与情况

评估主体	情形										
	A	B	C	D	E	F	G	H	I	J	K
政府	X	X	X	X	X						
公民	X					X					X
媒体		X					X				X
学术机构			X					X			
非营利组织				X					X		
私营企业					X					X	X

注:本表只是初步列举了政府绩效评估的参与者,现实情境中评估主体的参与和互动可能更加复杂。

在 A、B、C、D、E 五种情形中,地方政府会邀请公民、大众媒体、学术机构、非营利组织或私人企业来评估其绩效,并将评估结果纳入目标责任制。例如,珠海、南京和沈阳等城市在 20 世纪 90 年代就开展了公民调查项目(所谓的"万人评政府")。由政府官员面对面访问上万个居民和企业,以听取他们对政府绩效和公共服务质量的意见。此外,地方政府还聘请专业调查公司、大众媒体、非营利组织或大学机构等设计绩效评估指标,实施公民调查和分析绩效信息。

一些学者认为,这些做法是"上级政府领导为了加强对下级官员的垂直问责而实施的一种策略,它与以往通过动员群众打击官僚主义的精神是一致的"①。这种观点得到了部分实证研究的支持。

杨宇谦和吴建南认为,政府机构向公众征求意见的公民调查,往往面临一系列方法论问题。② 华乐勤和吴建南研究发现,政府绩效评估中的公民意见和建议所占权重相当低,公众舆论尚未对政策制定产生实质性的影响。③ 苏伟业在分析武汉的"民主评议政风行风"活动后发现,由政府发起和主导的第三方评估项目不能反映政府部门的真实绩效,其实质上是一种加强科层控制的管理手段,而非民主手段。④

鉴于由政府发起和主导的"第三方"评估存在诸多问题,从 2000 年开始,学术机构、大众媒体、民间智库和咨询公司等非政府组织开始发起并实施政府绩效外部评估活动,重点关注中国公共服务供给和社会治理等各方面的绩效。例如,兰州大学中国地方政府绩效评价中心分别在

---

① So B. W. Y., "Civic engagement in the performance evaluation of the public sector in China", *Public Management Review*, 2014, 16 (3): 341-357.
② Yang Y., Wu J., "Are the 'bigger fish' caught? China's experience of engaging citizens in performance management system", *Public Administration Quarterly*, 2013, 37 (2): 143-173.
③ Walker R. M., Wu J., "Future prospects for performance management in Chinese city governments", *Administration & Society*, 2010, 42 (1 suppl): 34S-55S.
④ So B. W. Y., "Civic engagement in the performance evaluation of the public sector in China", *Public Management Review*, 2014, 16 (3): 341-357.

2004年、2005年和2006年,从企业角度评估了甘肃省级部门和地级市政府的绩效。从2007年开始,华南理工大学政府绩效评价中心发起并实施了对广东省21个地级市和121个县的政府绩效评估。《瞭望东方》周刊从2007年开始在全国范围开展中国最具幸福感的城市的网上调查。零点咨询公司在对各级政府调查的基础上,每年都会发布公共服务满意度报告。

由于在中国语境下"第三方评估"的概念具有模糊性,因此本章将F、G、H、I、J、K情形下的评估(如表4.2所示),即由包括新闻媒体、民间智库、公共利益集团、学术机构和私营企业等在内的非政府组织发起并实施的评估,都定义为政府绩效外部评估。中国政府绩效外部评估的倡导者认为,外部评估主体具有独立性、专业性和可信度等特征,因而是评估政府绩效的最佳参与者。他们还认为,政府绩效外部评估活动可以有效解决现有目标责任制存在的问题,并成为政府外部问责的有效工具,从而推动政府提高管理能力、行政透明度、政治问责力度,以及公共服务供给效率和效果。一些公共管理学者甚至认为,政府绩效外部评估将在推进中国行政改革和转变治理模式方面发挥关键作用,并为下一步的政治改革铺平道路。[①]

中国的政府绩效外部评估看起来如此前途光明,但它真的能满足众人对它的期待吗?迄今为止,还没有学者系统研究过中国的政府绩效外部评估活动。但是,关于政府绩效外部评估却有很多问题亟待解决。比如,外部评估者包括哪些主体?它们是否独立?它们评估的内容是什么?它们评估的质量如何?它们评估的实际影响怎么样?对这些问题的回答,对中国政府绩效外部评估的可持续发展具有重要的理论和实践意义。

---

① 参见徐双敏《政府绩效管理中的"第三方评估"模式及其完善》,载《中国行政管理》2011年第1期,第28—32页。

第四节 评估框架

借鉴组织报告卡的相关研究[1][2][3],以及对公共服务提供和治理的国际排名的研究[4],结合中国政府绩效外部评估的特点,本章开发了一个政府绩效外部评估的评价方案,它由独立性、相关性、效度、信度、易懂性和功能性等六个维度组成(见表 4.3)。

表 4.3 中国政府绩效外部评估项目的评价框架和编码方案

评价维度	子维度	编码内容	编码	得分
独立性	人事独立性	评估主体的人事管理(包括招聘、晋升和人员流动等)独立于被评估者	1=是,0=否	0~1
	财务独立性	该项目的资金来源独立于被评估者	1=是,0=否	0~1
相关性	实践意义	该项目的主题反映了中国"十一五"和"十二五"国民经济和社会发展五年规划或中国共产党第十七次和十八次全国代表大会所强调的管理和政策重点	1=是,0=否	0~1
效度	理论支持	该项目进行了文献综述,参考了相关研究和实践	1=是,0=否	0~1
		该项目在文献综述的基础上解释和论证了指标设计和测量方法	1=是,0=否	0~1

---

[1] Coe C. K., "A report card on report cards", *Public Performance & Management Review*, 2003, 27 (2):53-76.
[2] Gormley W. T., Jr., "Assessing health care report cards", *Journal of Public Administration Research and Theory*, 1998, 8 (3):325-352.
[3] Coe C. K., Brunet J. R., "Organizational report cards: Significant impact or much ado about nothing?" *Public Administration Review*, 2006, 66 (1):90-100.
[4] Hood C., Dixon R., Beeston C., "Rating the rankings: Assessing international rankings of public service performance", *International Public Management Journal*, 2008, 11 (3): 298-328.

续表

评价维度	子维度	编码内容	编码	得分
效度	全面性	该项目解释并论证其评估方案在多大程度上涵盖了所有重要的维度或方面	1=是,0=否	0~1
	代表性	该项目报告了抽样方法和样本属性	1=是,0=否	0~1
		该项目解释并论证了样本的代表性	1=是,0=否	0~1
	统计方法	该项目使用描述性统计方法报告发现	1=是,0=否	0~1
		该项目采用了回归分析、聚类分析或因子分析等相关的高级统计推断方法	1=是,0=否	0~1
	加权	该项目报告了将不同测量单位在不同维度上加总的加权方法	1=是,0=否	0~1
		该项目比较了不同的加权方法,并论证了其加权方法的合理性	1=是,0=否	0~1
信度	可比性	该项目比较了历年的评估结果	1=是,0=否	0~1
	透明度	该项目公开了所有的评估结果	1=是,0=否	0~1
		该项目公开了原始数据,以便公众验证和重复操作	1=是,0=否	0~1
易懂性	容易理解	该项目利用图表解说评估结果,以使其更容易被理解	1=是,0=否	0~1
	执行总结	该项目提供了执行总结、小册子或媒体报告,以促进公众的理解和沟通	1=是,0=否	0~1
功能性	公众注意	统计该项目在中国知网(CNKI)的中国重要报纸数据库中的新闻报道数量。我们使用项目被媒体报道数量的中位数作为分界线进行编码	1=大于中位数,0=其他	0~1
	政府使用	该项目在党政领导干部的发言或政府工作报告中被提到	1=是,0=否	0~1

独立性是外部评估的价值所在。不同绩效评估主体在评估时持有

不同的动机、议程和策略,独立性则是他们评估信度的来源。① 但是在关于组织报告卡的文献以及政府绩效国际排名的比较研究中,学者们没有将独立性作为其评价方案的一个维度。造成这一现象的原因可能是,在西方国家,政府外部评估者的独立性被认为是理所当然的。然而,在多数情况下,政府外部评估者是否独立仍然可能是一个相当重要的问题,因为它会严重影响评价工作的合法性和可信度。

相关性是指评估项目是否反映了政府和公众所关注的紧要和重要的公共管理问题。

效度是指评估在多大程度上反映了评估对象的真实绩效水平。根据格姆雷(Gormley)和韦默(Weimer)及胡德(Hood)等开发的框架和指标,效度可以通过以下几个维度进行测量:(1)是否具有理论支持(理论支持),(2)是否测量了所有重要的绩效维度(全面性),(3)所选的样本是否具有代表性(代表性),(4)是否采用了复杂的统计方法(统计方法),(5)是否采用了适当的加权方法(加权)。

信度是指重复测量时表现出的稳定程度。②根据胡德等开发的标准,信度可以通过两项指标来衡量,即评估是否提供关于其结果的纵向比较(可比性),以及评估的原始数据是否可供公众重复和检验(透明度)。

易懂性意味着外部绩效评估的价值取决于绩效信息的使用者在多大程度上可以理解和消化评估结果。它的衡量依据是外部评估报告中是否使用解说性的语言和图表,③以便于公众理解评估结果。

功能性是指评估结果在多大程度上被目标群体接受和使用。它可以通过一项评估被媒体报道的次数,以及在政府报告或政府官员的演讲中是否被提及来判断。

---

① Coe C. K., Brunet Jr., "Organizational report cards: Significant impact or much ado about nothing?" *Public Administration Review*, 2006, 66 (1):90-100.
② Litwin M. S., *How to Measure Survey Reliability and Validity*, Thousand Oaks, C. A.: Sage Publications, Incorporated, 1995.
③ Hatry H., *Performance Measurement: Getting Results*, Washington, D. C.: Urban Institute Press, 2006.

第五章　外部参与的政府绩效评估：个案研究

　　以结果为导向对政府内部和外部公共管理活动的绩效进行测评，从而促使政府不断提升自身公共管理能力和改善公共服务提供质量，是20世纪90年代以来席卷全球的"新公共管理运动"的核心主张和重要改革议题。[1][2][3] 20世纪80年代末以来，英国政府推行了包括"下一步行动方案"、"公民宪章"和"竞争求质量"等在内的一系列行政改革计划，确立了以结果为导向的政府绩效评估体系，不断提升政府公共管理活动的效益，改进其效果。美国于1993年通过了《政府绩效与结果法案》，以法律的形式要求美国联邦政府部门和机构进行以结果为导向的政府绩效评估。

　　2011年，我国国务院批准建立政府绩效管理工作部际联席会议制度，由监察部牵头，选择北京、吉林、福建、广西、四川、新疆、杭州、深圳与国家发展和改革委员会、财政部、原国土资源部、原环境保护部、原农业

---

[1] Osborne D., Gaebler T., *Reinventing Government: How the Entrepreneurial Spirit is Transforming the Public Sector*, Reading, Mass.: Addison-Wesley, 1992.

[2] Hood C., "A public management for all seasons?" *Public Administration*, 1991, 69 (1): 3-19.

[3] Kettl D. F., *The Global Public Management Revolution: A Report on the Transformation of Governance*, Washington: Brookings Institution Press, 2005.

部、原质检总局等14个地区和部门开展政府绩效管理试点工作。① 政府绩效评估逐渐成为国际理论界和实践界的热点,各国政府都开始开发以结果为导向的政府绩效评估体系,加大政府绩效评估力度,不断提升政府绩效。② 与此同时,有别于政府自身发起和开展的绩效评估活动,由包括国际组织、非营利机构、新闻媒体、智库、公民团体和学术机构在内的各类主体开展的政府绩效外部评估活动发展迅速,可谓方兴未艾。③④

美国锡拉丘兹大学马克斯韦尔公民与公共事务学院在美国著名的非营利组织——皮尤基金会的支持下,与新闻媒体合作,自2002年以来对州政府和较大的市县政府的政府管理能力进行评价和排名,对推动政府能力建设和绩效改进产生了重要影响。⑤ 英国许多非政府机构开展了形式多样的公共服务绩效评估和排名活动,为地方政府提升公共服务质量和社会公众参与监督提供了参考依据。⑥

在国际层面,包括联合国、世界银行、经济合作与发展组织在内的国际组织都建立了面向国家和地区公共部门的、涵盖诸多治理领域的公共绩效评估系统,定期或不定期地对公共部门绩效进行测评。⑦ 除此以外,还有大量的非营利组织、学术机构、新闻媒体以及私营咨询公司开展了

---

① 《从自行探索到开展试点 政府绩效管理制度建设提速》,载《人民日报》2011年9月6日, http://www.gov.cn/jrzg/2011-09/06/content_1940916.htm。
② Bouckaert G., Halligan, J., *Managing Performance: International Comparisons*, New York: Routledge, 2007.
③ Hood C., Dixon R., Beeston C., "Rating the rankings: Assessing international rankings of public service performance", *International Public Management Journal*, 2008, 11 (3): 298-328.
④ Coe C. K., Brunet Jr., "Organizational report cards: Significant impact or much ado about nothing?" *Public Administration Review*, 2006, 66 (1): 90-100.
⑤ Ingraham P. W., *In Pursuit of Performance: Management Systems in State and Local Government*, Baltimore: John Hopkins University Press, 2007.
⑥ Boyne G. A., "Concepts and indicators of local authority performance: An evaluation of the statutory frameworks in england and wales", *Public Money and Management*, 2002, 22 (2): 17-24.
⑦ Hood C., Dixon R., Beeston C., "Rating the rankings: Assessing international rankings of public service performance", *International Public Management Journal*, 2008, 11 (3): 298-328.

各种各样以城市竞争力、城市生活质量、城市经商环境等为主题的国际排名和测评活动,尽管出自各种各样的目的,这些政府外部的测评和排名活动受到了世界各国和地方政府的高度重视,成为推动政府公共管理创新和持续改进的重要力量。①②③

近年来,尽管起步较晚,中国的政府绩效外部评估得到了迅猛发展,政府绩效外部评估项目越来越多、影响力越来越大,成为政府绩效内部评估的重要补充,对促进政府职能转变、政府行政能力的提高和政府绩效的改进发挥了重要作用。④⑤⑥⑦ 然而,目前学术界对政府绩效外部评估的缘起与发展状况的介绍和研究还不够。中国政府绩效外部评估是如何产生和演进的？现状如何？评估活动是如何开展的？评估质量如何？评估的效果和影响力如何？这些都是目前非常需要回答的问题。

本章选取新加坡南洋理工大学开展的连氏中国服务型政府研究项目(以下简称"连氏项目")作为个案,将其置于中国政府绩效外部评估发展的背景之下,回顾连氏项目发起与组织的过程,介绍其评估框架和方法,分析其经验以及面临的问题与挑战,借此对中国政府绩效外部评估的相关问题进行探讨。⑧ 本章共分五个部分。在第一部分,介绍中国政

---

① 马亮、于文轩:《第三方公共服务绩效评价的评价:一项比较案例研究》,载《南京社会科学》2013年第5期,第55—63页。
② 马亮:《城市排行榜:流行、问题与展望》,载《甘肃行政学院学报》2013年第3期,第24—35页。
③ 马亮、于文轩、吴伟:《公共服务提供、绩效测评与政府信任:2013连氏公共管理国际会议综述》,载《甘肃行政学院学报》2014年第1期,第4—16页。
④ 包国宪、董静、郎玫:《第三方政府绩效评价的实践探索与理论研究——甘肃模式的解析》,载《行政论坛》2010年第4期,第59—67页。
⑤ 郑方辉:《第三方评价地方政府整体绩效的实证研究——以广东省市、县两级政府为例》,载《中国行政管理》2008年第5期,第13—17页。
⑥ 徐双敏:《政府绩效管理中的"第三方评估"模式及其完善》,载《中国行政管理》2011年第1期,第28—32页。
⑦ 高洪成、娄成武:《异体评估:我国政府绩效评估的路径选择及理论建构》,载《中国行政管理》2012年第9期,第46—59页。
⑧ 笔者对连氏项目2010—2012年的回归性总结和批判性研究可见 Yu W., Ma L., "External government performance evaluation in China: A case study of the 'lien service-oriented government project'", *Public Money & Management*, 2015, 35 (6):431-437。

府绩效内部评估和外部评估的发展；在第二部分，介绍连氏项目的发起和组织过程；在第三部分，介绍连氏项目的理论基础和研究方法；在第四部分，结合中国政府绩效外部评估的实际，讨论连氏项目存在的问题和面临的挑战；第五部分是结论。

第一节　政府绩效评估：从内部封闭到外部开放

受历史上计划经济体制的影响，一直以来中国各级政府绩效评估以政府内部特别是政府行政机关自上而下的目标责任考核为主。一方面，通过强有力的目标设置、行政问责与晋升激励机制，对地方政府及其官员施加压力和激发动力，[①]强有力地促进了中国地方经济发展；[②]另一方面，中国政府的内部评估存在着诸如考核指标不够科学，评估结果利用不合理，对基层公务员激励不够，绩效沟通和报告不充分，评估内容、侧重点和评估方法分散，随意性较大，考核周期不合理，机构设置不合理等制度和设计缺陷，评估开展与否以及采取何种评估形式缺乏立法的共性约束，容易受个人意志支配，在一定程度上严重影响了绩效评估体系功能的发挥，也诱发了一些负面作用。[③]尚虎平等对中国政府42个主要政府绩效测评模式进行了研究，发现尽管有各种各样的测评体系和方法，但是地方政府的绩效仍然和期望有不小的差距。[④]

由于中国独特的政治制度和单一式的政府架构，政府自身内部（包括行政、司法、立法机关）相对缺乏强有力的监督和制衡，如何通过引入

---

① 王汉生、王一鸽：《目标管理责任制：农村基层政权的实践逻辑》，载《社会学研究》2009年第2期，第61—92页。
② 周黎安：《转型中的地方政府：官员激励与治理》，格致出版社2008年版。
③ Gao J.，"Hitting the target but missing the point: The rise of non-mission-based targets in performance measurement of Chinese local governments", *Administration Society*，2010，42（1 suppl）:56S—76S.
④ 尚虎平、赵盼盼：《绩效评估模式泛滥与绩效不彰困境》，载《中国行政管理》2012年第11期，第18—24页。

政府外部评估主体,弥补政府自身内部评估的不足,成为学界和实践界关注的热点。中国学者一般称政府绩效外部评估为"第三方评估",但是对究竟何为第三方还存在争议。郑方辉等认为,第三方有独立性、专业性和民间性等特征。① 包国宪等将第三方定义为与"政府无隶属关系和利益关系的第三部门和民间机构"②。徐双敏认为第三方包括高校专家、专业公司、社会代表和民众,政府外部主体参与评估的都属于第三方评估。③ 高洪成和娄成武提出"异体评估"的概念,认为异体评估包括党委、人大、政协、民主党派、社会组织、大学及科研院所、新闻媒体和公众等在内的政府系统外的异体或其联合体对政府的评估。④ 由于中国政治制度和政府行政架构的特殊性,我们在本章中倾向于采用包国宪和郑方辉等的定义,从广义上定义政府,这也是我们使用"政府外部评估"而不使用"第三方评估"的原因。

与此同时,中国政府的治理模式经历了从"管制型政府"向"服务型政府"的转变。中国政府绩效评估从以政府机构内部运作为焦点的绩效评估模式,转向以政府公共服务提供质量和效益为主的绩效评估模式。⑤ 这一转变与国际"新公共管理运动"所倡导的以结果为导向的、强调公民和社会参与的绩效评估相一致。⑥ 中国政府内部绩效评估活动开始越来越多地引入公民参与的要素。例如,福建省在机关行政效能建设中大量引入公民评价、公民满意度的成分;中国各地政府策划和主导的以政风

---

① 郑方辉:《第三方评价地方政府整体绩效的实证研究——以广东省市、县两级政府为例》,载《中国行政管理》2008 年第 5 期,第 13—17 页。
② 包国宪、董静、郎玫:《第三方政府绩效评价的实践探索与理论研究——甘肃模式的解析》,载《行政论坛》2010 年第 4 期,第 59—67 页。
③ 徐双敏:《政府绩效管理中的"第三方评估"模式及其完善》,载《中国行政管理》2011 年第 1 期,第 28—32 页。
④ 高洪成、娄成武:《异体评估:我国政府绩效评估的路径选择及理论建构》,载《中国行政管理》2012 年第 9 期,第 46—59 页。
⑤ 孟华:《推进以公共服务为主要内容的政府绩效评估——从机构绩效评估向公共服务绩效评估的转变》,载《中国行政管理》2009 年第 2 期,第 16—20 页。
⑥ Walker R. M., Wu J., "Future prospects for performance management in Chinese city governments", *Administration & Society*, 2010, 42 (1 suppl):34S-55S.

行风评议、"万人评政府"等为代表的公民评价活动越来越多,也越来越普遍。政府绩效外部评估主体和评估活动也在过去的十多年间如雨后春笋般出现。例如:

- 兰州大学中国地方政府绩效评价中心在2005年对甘肃省级政府部门和市州政府进行绩效评估,重点调查企业对公共服务质量的评价。①
- 华南理工大学政府绩效评价中心自2007年以来对广东省的21个地级市和121个县级政府进行整体绩效评估。②
- 国务院发展研究中心宏观部等在2007年采用客观统计数据,对省级政府公共服务绩效进行评估。③
- 上海交通大学安泰经济与管理学院在2009年开发"中国城市服务经济指数2010",对35个城市的公共服务投入和产出的客观数据进行评价。④
- 中国社会科学院马克思主义研究院在2011年对38个大城市的公共服务能力进行评价。⑤
- 上海财经大学、北京大学分别对省级政府的财政透明⑥和行政透明⑦进行评估。
- 《瞭望东方》周刊连续多年对中国地方政府在改善民生、创建幸福

---

① 包国宪、董静、郎玫:《第三方政府绩效评价的实践探索与理论研究——甘肃模式的解析》,载《行政论坛》2010年第4期,第59—67页。
② 郑方辉:《第三方评价地方政府整体绩效的实证研究——以广东省市、县两级政府为例》,载《中国行政管理》2008年第5期,第13—17页。
③ 陈昌盛、蔡跃洲:《中国政府公共服务:体制变迁与地区综合评估》,中国社会科学出版社2007年版。
④ 陈宪、康艺凡:《中国城市公共服务指数·2010》,载《科学发展》2011年第2期,第30—37页。
⑤ 侯惠勤、辛向阳、易定宏:《公共服务蓝皮书:中国城市基本公共服务力评价(2010—2011)》,社会科学文献出版社2011年版。
⑥ 上海财经大学公共政策研究中心:《2009中国财政透明度报告——省级财政信息公开状况评估》,上海财经大学出版社2009年版。
⑦ 北京大学公众参与研究与支持中心:《中国行政透明度观察报告(2009年度)》,法律出版社2011年版。

城市方面的努力进行测评和排名。①
- 零点调查公司自 2005 年起发布《零点中国公共服务公众评价指数报告》,对不同层级的样本地方政府的公共服务进行公众满意度调查。②

如前文所言,尽管中国政府绩效外部评估方兴未艾,但对中国政府绩效外部评估的研究还比较欠缺。绩效外部评估主体的组成是什么样的?绩效外部评估主体和政府的关系是什么?绩效外部评估项目开展的目的是什么?资金来源是什么?绩效外部评估如何保持其客观中立性?绩效外部评估项目的内容是什么?评估的方法论和质量如何?绩效外部评估项目的可持续性如何?社会影响力如何?能否和政府与社会形成良性互动并促进政府绩效的持续改进?对这些问题的回答,不仅对中国政府绩效管理具有重要的理论意义,对中国政府绩效外部评估事业的可持续发展和中国政府绩效评估的实践推进也有着重要的实践价值。连氏项目在这些方面进行了一系列探索,对其进行审视,将对理解和促进中国政府绩效外部评估的发展有相当的参考价值。

第二节 连氏项目的发起与组织

连氏项目是 2009 年在新加坡连氏基金的大力赞助下,于新加坡南洋理工大学南洋公共管理研究生院成立的。新加坡连氏基金是为纪念新加坡已故著名华人企业家、外交家、社会活动家连瀛洲先生而创办的。多年来,连氏基金在东南亚和中国开展了大量的以扶贫、清洁水、能源和养老为中心的慈善援助项目。③ 随着中国经济的快速发展和新中两国之间关系的日益密切,连氏基金对在中国开展研究项目并促进

---

① 对 2012 中国最具城市幸福感城市调查的介绍参见 http://city.lwdf.cn/index.html。
② 袁岳、张慧:《2011 年中国城市居民生活质量指数报告》,载汝信、陆学艺、李培林主编《社会蓝皮书:2012 年中国社会形势分析与预测》,社会科学文献出版社 2012 年版,第 126—144 页。
③ 详见连氏基金的主页 http://www.lienfoundation.org/。

中国社会经济发展的兴趣越来越浓厚。南洋公共管理研究生院是中国在海外培训高级政府官员的重要基地之一,一直以来都以研究西方国家、新加坡和中国公共管理发展,促进新中两国公共管理理论和实践发展为己任。① 2009年,在时任院长吴伟教授的倡议下,连氏基金成立了连氏项目,以种子基金的形式对在中国开展政府公共服务研究提供资金支持。

2009年底和2010年初,"连氏中国公共服务质量调查"正式启动。以吴伟教授和于文轩博士为首的研究团队,开始与在政府绩效评估研究领域实力雄厚、享有盛誉的厦门大学公共事务学院陈振明教授带领的团队合作研究,开发中国城市公共服务质量指数和调查方案。2010年,两校研究团队选择中国大陆32个主要城市作为调查对象,对其公共服务质量进行测评。2010年9月19日,由两校专家组成的"连氏中国公共服务质量调查"项目组在广州举办新闻发布会并公布中国32个城市的公共服务质量排名。这是首次由中国著名高校和海外著名高校通力合作进行的中国城市公共服务质量调查和排行,在社会上引起了广泛关注。②

2011年,结合中国公共行政改革的新发展与政府绩效外部评估研究和实践发展的实际,项目组认为单单对政府公共服务进行研究和测评已经不能反映理论与实践的新发展和新需要,于是将研究主题从单纯的公共服务质量拓展为服务型政府,增加了政府效能、信息公开、公众参与和政府信任等维度,结合中外相关研究与中国政府行政改革的新理论和新实践,对中国服务型政府建设进行了深入研究,对中国服务型政府概念的内涵和外延进行了提炼和总结,发展出"中国服务型政府指数"测评体系。鉴于上海交通大学国际与公共事务学院在计算机辅助电话访问(CATI)调查方面的优势,2011年连氏项目开始委托其借助大规模随机

---

① 详细内容参见南洋公共管理研究生院的主页 http://www.ncpa.rtu.edu.sg/。
② 吴伟、于文轩、林挺进:《提升城市公共服务质量,打造服务型政府——2010连氏中国城市公共服务质量调查》,载《城市观察》2011年第1期,第5—14页。

抽样电话访问,提高数据的可靠性和代表性。①②

2012 年的测评延续 2011 年的做法,在保持评估体系的连贯性和可比性的基础上,对评估指标进行了精加工并进一步调整了调查范围,增加了西宁、银川和呼和浩特,涵盖了除乌鲁木齐和拉萨以外的中国大陆的 34 座城市(直辖市、副省级城市、省会城市和自治区首府)。③

2013 年的测评框架和调研方法同 2012 年的基本保持一致,以利于跨年度比较。与此同时,在大陆地区将乌鲁木齐和拉萨纳入调查,涵盖所有直辖市、副省级城市、省会城市和自治区首府,并增加香港和台北作为观察城市纳入调查。企业样本量有所增加,从每个城市平均 100 家增加到 150 家。此外,在调查中还增加了有关公民幸福感、电子政务使用率和满意度、官方媒体评价等内容。④

表 5.1 连氏项目的演变与发展

项目	2010	2011	2012	2013
评估主题	公共服务质量	服务型政府	服务型政府	服务型政府
指标数量	106	75	68	74
调查城市	32	32	34	36
调查方法	面访	电话访问	电话访问	电话访问
数据来源	问卷调查+统计数据+独立评估	问卷调查+统计数据	问卷调查+统计数据	问卷调查+统计数据
公民样本	31 173	25 222	23 923	25 958

---

① 于文轩、林挺进、吴伟:《提升政府治理水平,打造服务型政府——2011 连氏中国服务型政府指数及中国城市服务型政府调查报告》,载《华东经济管理》2012 年第 7 期,第 26—30 页。
② Wu W., ed, *Building Service-oriented Government in China: Lessons, Challenges and Prospects*, Singapore: World Scientific, 2012.
③ 吴伟、于文轩、林挺进:《完善服务型政府体系,实现全面均衡发展:2012 连氏中国服务型政府调查报告》,载《经济研究参考》2013 年第 10 期,第 22—40 页。
④ 吴伟、于文轩、马亮:《打造服务型政府,创建优质城市:2013 连氏中国服务型政府调查报告》,载《电子政务》2014 年第 4 期,第 18—33 页。

续表

项目	2010	2011	2012	2013
企业样本	3 153	3 203	3 606	5 552
子维度加总	主成分分析/标准化回归/算术平均	主成分分析/标准化回归/算术平均	主成分分析/算术平均	主成分分析/算术平均
维度加总	未加总	1∶1∶1	4∶3∶3	4∶3∶3

资料来源:根据历年调查报告的主要参数整理而得。

总体来说,经过连续四年的实践与探索,目前连氏项目已经建立了较为完善的组织和管理体系,理论框架和评估体系也日趋成熟(见表5.1)。由于有连氏基金的大力支持,项目能够实现较为稳定和持续的运营。目前连氏项目一般每年3—4月规划项目工作,修订调查问卷并完善评估体系;5—7月执行问卷调查;8—10月统计分析并编纂研究报告;10—11月发布评估结果并总结项目工作;年底和次年初开发与推介项目研究成果。通过这种连续一贯的项目执行和管理,为积累中国城市服务型政府的连续数据提供了基础,也为建立一种独立审慎的评估模式和评估文化提供了范例。

第三节 连氏项目的理论框架、评价体系和研究方法

一、连氏项目的理论框架

自2011年起,连氏项目将对中国城市公共服务提供的关注扩展到了以中国城市服务型政府建设作为研究和评价的中心。2003年爆发的"非典"(SARS)危机使中国政府面临着行政问责、危机管理和公共服务提供等诸多方面的挑战。2004年,中央政府正式确立服务型政府的建设理念,将其作为行政管理体制改革和政府自身建设的重要纲领。项目组认识到建设服务型政府是当前中国政府深化行政管理体制改革的重点

和核心,而责任政府、法治政府和廉洁政府的建设则是其保障手段。① 因此,服务型政府的内涵不限于公共服务提供,而是反映了人们对良好政府和善治的诸多价值取向,如透明公开、廉洁高效、参与包容、诚信公正等。从这个意义上讲,我们需要建立一种服务型政府的整体观,对其进行全方位的考察和评价,准确把握和定位各地区在服务型政府建设过程中的进展、不足和前景,并提供具有指导性的政策建议。②

结合国内外服务型政府的相关研究③④⑤,项目组认为服务型政府需要强调两个视角:公民视角和整体观。强调服务型政府的公民视角,即构建公民导向的服务型政府,因为只有真正将公民置于公共服务的中心位置,才能准确把握服务型政府的核心内涵。强调服务型政府同时还要强调整体观,要构建和完善公共服务体系,实现全面均衡发展,使政府在公共服务的各个领域和服务型政府的各个维度都能够实现均衡协调可持续发展,从而推动人的全面发展和社会的整体提升。项目组把服务型政府界定为"廉洁负责、法治高效、透明公开、民主参与为基本原则,将公共服务供给置于政府职能的重心并着力构建和完善公共服务体系,从而为公民和企业发展营造良好的制度环境,不断满足公众日益增长的物质文化需求并赢得广大人民群众信任和支持的政府"⑥。

二、服务型政府的评价体系

2010年首次测评时,课题组侧重于公共服务质量调查,通过德尔菲

---

① 薄贵利:《准确理解和深刻认识服务型政府建设》,载《行政论坛》2012年第1期,第8—12页。
② 吴伟、于文轩、马亮:《打造服务型政府,创建优质城市:2013连氏中国服务型政府调查报告》,载《电子政务》2014年第4期,第18—33页。
③ 薄贵利:《准确理解和深刻认识服务型政府建设》,载《行政论坛》2012年第1期,第8—12页。
④ 燕继荣:《服务型政府的研究路向——近十年来国内服务型政府研究综述》,载《学海》2009年第1期,第191—201页。
⑤ 郁建兴、徐越倩:《服务型政府研究的理论进路与出路》,载《行政论坛》2012年第1期,第27—32页。
⑥ 吴伟、于文轩、马亮:《打造服务型政府,创建优质城市:2013连氏中国服务型政府调查报告》,载《电子政务》2014年第4期,第18—33页。

法和大量前期测评,最终确定的2010年连氏中国城市公共服务质量评价指标体系包括公共服务满意度、企业经营环境和一般公共服务等三个维度共106项测评指标。① 公共服务满意度包括公民满意度和企业满意度两个方面,分别涵盖十个和七个公共服务领域,数据来自问卷调查。企业经营环境包括七个领域,数据分别来自统计资料和问卷调查。一般公共服务包括十个领域,数据主要来自统计资料和研究人员的独立评估,统计资料主要来自政府发布的官方数据,独立评估则由经过培训的调查人员在公交站点和办税大厅观察与记录公交候车时间和税务登记速度。

2011年,项目组将研究的主题从单纯的公共服务质量拓展为服务型政府,增加了政府效能、信息公开、公众参与和政府信任等维度,使之能够反映服务型政府建设的总体进展。通过德尔菲法,我们确定的服务型政府评价体系包括服务型政府公众视角、服务型政府企业视角和基本公共服务等三个维度,下设十个子维度和75个测量指标。② 2012年,为了保持评估的连贯性和可比性,评价指标体系基本保持不变。

连氏项目的服务型政府评价体系包括服务型政府公众视角、服务型政府企业视角和基本公共服务等三个维度。前两个维度的数据主要来自面向公众和企业的问卷调查,基本公共服务的数据主要来自政府统计年鉴和工作报告中有关公共服务投入与产出的数据。

服务型政府指数的公众视角包括五个维度:公众公共服务满意度、政府效能、政府信息公开、公众参与和政府信任。公众公共服务满意度指公众对公共教育、医疗卫生、住房与社会保障、公共安全、基础设施、文体设施、环境保护、公共交通等八项与老百姓生活息息相关的重要公共服务领域的主观感知和满意度。政府效能指公众在与政府打交道和获

---

① 吴伟、于文轩、林挺进:《提升城市公共服务质量,打造服务型政府——2010连氏中国城市公共服务质量调查》,载《城市观察》2011年第1期,第5—14页。
② 于文轩、林挺进、吴伟:《提升政府治理水平,打造服务型政府——2011连氏中国服务型政府指数及中国城市服务型政府调查报告》,载《华东经济管理》2012年第7期,第26—30页。

取公共服务的过程中对政府工作效率和能力的感知与评价。政府信息公开指公众对政府政策制定和执行等相关信息的可获得性的认知和评价。公众参与指公众对政府在多大程度上允许公众参与和影响公共政策制定和执行的认知与评价。政府信任指公众对政府是否真心实意为自己谋福利及在没有监督的情况下也可以做正确的事的信心。

服务型政府指数的企业视角包括企业公共服务满意度、企业经营环境、企业参与和政府效能等四个维度。企业公共服务满意度包括企业经营者对其经营和发展所需要的基础设施、交通运输、公共安全、就业服务、环境保护、信息服务等六项公共服务质量的满意度。企业经营环境指企业对工商登记年检服务、税收服务、知识产权保护等十项重要的经营环境要素的满意度。企业参与是企业对在多大程度上可以参与政府制定和执行商业政策的感知与评价。政府效能指企业在与政府打交道的过程中对政府提供公共服务的能力和效率的认知与评价。

服务型政府指数的基本公共服务维度涵盖就业服务、住房保障、公共安全、公共教育、医疗卫生、环境保护、社会保障、基础设施、公共交通和文体休闲等十个公共服务领域的投入、产出和结果,通过客观统计数据反映城市公共服务的基本状况。项目组希望通过引入客观统计数据指标,纠正主观调查数据的偏差,全面反映各城市服务型政府建设的整体状况,也符合政府绩效评估的发展趋势。①

三、连氏项目的调研方法

1. 服务型政府的调查范围

连氏项目选择中国的主要城市(直辖市、副省级城市、省会城市和自治区首府)作为测评对象,是因为服务型政府建设主要是在中国城市开展的。随着中国城镇化速度的加快,中国已经有超过一半人口居住在城

---

① Shingler J., Van Loon M. E., Alter T. R., "The importance of subjective data for public agency performance evaluation", *Public Administration Review*, 2008, 68 (6):1101-1111.

市里。在进行样本城市选择时,选择最能代表中国城市发展水平和面貌,最引人关注,也最能反映中国城市公共服务提供现状的主要城市,是自然的选择,对其进行评价也比较容易引起公众和相关政府的兴趣和重视。

同时,连氏项目也希望通过测评可以引起国内外企业界的关注和重视,为企业投资选址提供参考。此外,选择这些城市也与研究项目经费的限制和城市数据的可获取性有关。对这些城市的研究,为在条件成熟时将调查对象拓展到重要的地级市、县级市乃至乡镇提供了理论和技术基础,也为连氏项目的进一步发展提供了空间。

连氏项目从最初的 32 座城市开始,不断扩大调查范围,至今已涵盖 36 座城市。[①] 与此同时,连氏项目将调查范围扩大到香港、台北等城市,也有利于选取标杆城市进行比对,有利于城市之间的知识转换和交流学习。

2. 样本量与抽样技术

从目前的政府绩效外部评估项目来看,评估者通常会在主观绩效调查时选择企业或公民进行调查,而很少同时将二者纳入调查范围。项目组基于对服务型政府概念的界定(政府服务对象不限于公民,也不止于企业)和对政府公共管理实践发展(虽然一些地方在早期的服务型政府建设过程中强调服务企业和发展地方经济,但越来越多的地方政府认识到服务型政府需要兼顾服务公民和推动社会发展)的观察,在调查中同时涵盖公民和企业,突出以民为本和均衡发展的服务型政府理念,纠正以往重商轻民的倾向,在样本数量和评估重点等方面都侧重于公民。

本质上来说中国的所有调查都是"地方性"的,在进行推断性的描述时,可能存在偏颇,但对于研究变量之间的相关关系而言则并无大碍。[②]

---

① 连氏项目在 2010—2011 年间曾将苏州纳入调查,但由于苏州不属于副省级城市,鉴于可比性的考虑,在此后的调查中未予考察。
② Manion M., "Survey research in the study of contemporary China: Learning from local samples", *The China Quarterly*, 1994, (139):741-765.

在项目执行过程中,项目组综合考虑到项目的可操作性、质量控制、时间、预算、样本代表性和抽样精确度等因素,保证公众调查在99%的置信水平下抽样误差不超过±5%。

2010年,连氏项目的调查采用了面对面访谈的调查方法。市民问卷主要在商业区、居民区等活动场所随机抽取,每个城市约1 000个样本,共计收集31 173份问卷。企业问卷则根据当地企业的类型和规模每个城市随机抽取约100家,共计3 153份问卷。在问卷调查的同时,项目组还培训访问员在公交站点和办税大厅观察记录公交候车时间和税务登记速度,进行实地的独立评估。尽管项目组对样本的代表性进行了各种各样的控制,但是由于实践上的困难和限制,上述调查方法的代表性仍存在一定问题。

2011年以来,出于对问卷调查的随机性、准确性和可控性等方面的考虑,为进一步提高样本的代表性和降低调研成本,连氏项目采用计算机辅助电话访问系统进行问卷调查。由于目前固定电话和移动电话的普及率较高,这种根据电话号段随机抽取的方式更加精确。2011年在9个特大城市分别抽取1 000个左右的公众样本,其他23个城市分别抽取700个左右的样本,总共25 222个样本。企业调查仍然按照每个城市100个的额定样本抽取,总共3 203个样本。2012年在调查样本量方面,基本实现每个城市调查700个左右的公民和100个以上的企业,公民和企业问卷分别共计23 923和3 606份,一定程度上确保了调查结论的统计推断性。2013年的调查样本分布基本延续此前做法,只是在企业调查方面的样本量有所增加,以观察其可能带来的变化。

3. 问卷设计

区别于完全依赖客观统计数据的外部评估,连氏项目注重来自公众和企业的声音,因为他们是公共服务的消费者,也是服务型政府建设的直接受益者,他们的意见至关重要。国际公共管理理论界和实践界对这种主观认知和看法的重视甚至超过了对客观现实的关注。

2010年的调查项目组采取面对面访谈,因此可以设置较多的题项,以综合反映公众和企业的感知水平。但此后的调查由于是电话访问，问卷长度难以涵盖许多方面，否则将导致拒答率过高，影响调查的效度。2011年的调查证实了这一点。在反复测试的基础上，2012年项目组对问卷中问题的提问方式和方法进行了微调，精简了市民问卷的题项，有效降低了问卷的拒答率，提高了问卷回答的有效性和数据质量。此外，为了考察对公共服务的期望与满意度的关系，项目组还增加了关于公众总体期望和满意度的题项。2013年的调查工具与此前相似，但项目组仍然进行了取舍。在确保调查长度稳定的情况下，项目组精简了若干题项，并增加了一些反映政策发展趋势的题项。

4. 加权与标准化

政府绩效评估都可以归为多指标综合评价体系问题，即通过诸多评估指标来反映多维度的政府绩效。为了能够获得一个整体性的评价，以形成类似"成绩单""排行榜"的结果，需要通过一定的加权方式进行降维和聚合。① 如何对子指标体系进行加权，是连氏项目面临的方法论上最严峻的挑战之一。

2010年连氏项目的城市公共服务总体评价包括公众和企业两个视角，而没有将其加总，以避免两者相加可能抵消不同差距。② 但随后两年的调查都尝试进行一定的加总，以反映服务型政府的整体状况。项目组结合国内外的相关理论和实践，采用德尔菲法咨询专家决策和计算机模拟技术，获得一个相对可以接受和较为稳健的加权方法，以期客观反映服务型政府建设的成绩。2011年，项目组采取等权重的方式加总，即公众视角、企业视角和基本公共服务的比重为1∶1∶1。

2012年，项目组在同专家沟通咨询的过程中认识到，公众调查的样本量和代表性都较强，于是将原来的等权重加总修改为4∶3∶3的加权

---

① Nardo M., Saisana M., Saltelli A., *Handbook on Constructing Composite Indicators: Methodology and User Guide*, Paris: CECD Publishing, 2005.
② 吴伟、于文轩、林挺进：《提升城市公共服务质量，打造服务型政府——2010连氏中国城市公共服务质量调查》，载《城市观察》2011年第1期，第5—14页。

比例,增加了公民评价的权重,以强化服务型政府的公民导向。为了使排名结果不至于受到权重的过度影响,项目组还进行了多种仿真测算,发现权重的微小调整对排名结果的整体影响可以忽略不计,排名的结果较为稳健。2013年,项目组也尊重这一赋权原则对三个维度进行汇总。

与此同时,为了便于公众理解和形象展示,项目组还将最终的标准化结果进行了逆向处理,使之以公众熟悉的十分制表示。显然,分数的高低只是相对的,最终加总的得分不具有明确的意义指向,而只是作为公众评判政府优劣的一个相对坐标系。

第四节　从连氏项目看中国政府绩效外部评估

由于中国复杂的国情以及独特的政治、社会和经济制度与发展状况,中国政府绩效外部评估和国际经验相比呈现出非常独特的风貌。由于公民参与和非营利组织发展不足,尽管有零星项目是由私营企业(如零点调查公司)和大众传媒(如《瞭望东方周刊》)进行的,中国政府绩效外部评估项目基本上主要是由高等教育机构和科研机构完成的。因此,从项目的资金来源和治理模式等诸方面来看,政府绩效外部评估和政府主导的绩效内部评估呈现出复杂多样的联系和表现形式。中国高等教育机构和科研机构要么接受政府委托进行政府绩效测评,要么申请国家和地方政府的社会科学或自然科学基金资助进行调研和测评。这在一定程度上对政府绩效外部评估的独立性、公信力和项目的可持续性产生了一定的影响。

连氏项目得到了新加坡连氏基金会的鼎力赞助,连氏基金会以种子基金的形式为研究项目提供支持,并对研究过程不进行任何干预,是慈善性质的援助,这是项目持续开展的保证。南洋公共管理研究生院是中国重要的海外培训高级政府官员的基地之一,一直都受到中国各级政府的高度重视。连氏项目组的专家都受过国际著名高校公共管理和政府绩效评估的专业训练,又有在中国生活和工作的背景,既通晓国际先进的理念、理论和技术,又了解中国国情。连氏项目选择的中国合作伙伴都是在中国享有声誉,在公共部门绩效管理研究领域实力雄厚的著名大学,它们为研究项目提供了强有力的调研支持。上述诸因素为连氏研究项目在中国的开展扫除了政策障碍、文化障碍、行政障碍和技术障碍。这样的组合突出了连氏项目的独立性,强调了项目的本土化和针对性,提高了连氏项目被接受和受重视的程度。

政府绩效外部评估的另一重大挑战是研究的质量和对政府公共管理活动的影响。高质量的评估以及能为政府公共管理活动的改进和提升发挥实质性作用,是政府外部评估项目成功的关键。连氏项目经过四年的不断调整、充实和提高,已经形成了自己的研究体系和框架,反映了目前最先进的理念和方法。连续四年的研究表明,研究结果呈现出相当的稳定性,说明了研究体系的科学性和有效性。尽管如此,连氏研究项目在调查范围、城市样本的选取、问卷的样本代表性、理论框架、指标体系设计、数据收集、加权汇总等方面还有很多可以改进的空间。不断提升研究的信度和效度,不断提升测评质量,是政府绩效外部评估项目的生命力的源泉。

政府绩效评估的目的在于将其产生的绩效信息予以充分利用,借此促进组织学习和组织绩效的不断改进。① 政府内部的绩效评估通常会将评估结果用于内部奖惩、学习和差距识别等,通过强力激励推动政府部门改进绩效。与政府自身组织开展的绩效评估不同,政府绩效外部评估的结果是否能受到重视,并成为政府持续改进的动力,将关系到政府绩效外部评估项目的成败。连氏项目每年都于11月召开大型新闻发布会,邀请国内数十家主流媒体(传统和网络)参加。② 每年新华社、人民网等权威新闻机构都推出专稿对排名和研究结果进行发布,新加坡《联合早报》和《海峡时报》也对发布会进行全程报道。部分获奖城市(如成都、

---

① Behn R. D., "Why measure performance? Different purposes require different measures", *Public Administration Review*, 2003, 63 (5):586 - 606.
② 2013年的新闻发布专题网详见 http://sg.xinhuanet.com/zb/4/.

长春等)也以此为契机,在本地媒体进行长篇连载专题报道,总结和反思本地经验。在 2012 和 2013 年的新闻发布会上,项目组还专门邀请获奖城市代表出席发布会,分享城市建设服务型政府的心得和经验。2011—2012 年连续两年荣登榜首的厦门市不仅在《厦门日报》头版头条报道连氏项目的测评成果,还将之写入政府工作报告,指导本市服务型政府建设工作的进一步开展。从一定意义上说,厦门连续两年获得服务型政府十佳城市之首的桂冠,跟政府高度重视连氏项目,积极推进服务型政府建设不无关系。

目前,连氏项目界定了服务型政府的概念并确立了成熟的评价体系,定期进行城市服务型政府建设排名。从长远来看,连氏项目作用的进一步发挥还有赖于深入政府内部管理过程,将政府管理过程与结果联系起来,识别和发现推动政府绩效改进的关键影响因素,为城市政府管理的不断改善和优化提供决策咨询。这有赖于更为深入的实地调查和案例研究,通过与城市政府合作将连氏项目的研究发现转化为改进服务型政府建设的政策建议,以真正发挥连氏项目的研究价值。当然,在与城市互动合作的过程中,如何保持测评活动的客观和中立将是连氏项目的另一个新的挑战。

第五节 结论

本章回顾了中国政府绩效外部评估的兴起和发展过程,介绍了连氏中国服务型政府调查项目的发起、组织与在探索中国政府绩效外部评估方面所进行的努力和尝试。尽管连氏项目具有一定的特殊性,但是它的经验和教训对于发展中国政府绩效外部评估具有普遍意义。连氏项目的发展表明,中国政府绩效外部评估面临复杂的政治、文化、社会环境,面临着本土化、理论构建、方法论完善、独立性保持、可持续性发展和影响力等方方面面的挑战。连氏项目在这些方面的发展,对中国政府绩效外部评估项目的发展是有一定的启发和借鉴意义的。

随着时代的发展,中国政府绩效外部评估迎来了难得的历史机遇,政府越来越重视绩效外部评估的结果。[①] 政府绩效外部评估日益形成规模并逐渐产生越来越重要的社会影响。更为重要的是,当越来越多的"连氏项目"加入政府绩效外部评估的行列中,通过独立、科学和持续的绩效评估形成对政府运作与管理的有效外部监督和激励时,政府绩效外部评估对中国行政体制改革、行政管理创新以及政府行政管理水平和能力提升的作用和影响,将是深远的和不容忽视的。

[①] Gao J. ,"How does Chinese local government respond to citizen satisfaction surveys? A case study of Foshan city", *Australian Journal of Public Administration*, 2012, 71 (2): 136 - 147.

第六章 第三方公共服务绩效评估：比较案例研究

第一节 引言

公共服务绩效评估是建设服务型政府的重要手段，也是加强政府问责和提高政府绩效的关键举措。① 越来越多的政府将公共服务绩效纳入目标责任考核体系中，并通过公众满意度调查等方式获取公共服务绩效信息。较为典型的有政风行风测评、"万人评议"、"开门评议"等，为公众参与政府绩效评估提供了渠道，但却存在诸多问题。② 由于测评通常将公众满意度与部门绩效挂钩，甚至采取末位淘汰和一票否决的做法，有可能刺激政府部门弄虚作假。政府部门在开展公众满意度测评时也存在问卷设计不合理、问卷发放随意性强、问卷统计不恰当等方面的问题。③ 有学者认为，这反映了政府绩效评估的政治理性与技术理性之间

---

① 孟华：《推进以公共服务为主要内容的政府绩效评估——从机构绩效评估向公共服务绩效评估的转变》，载《中国行政管理》2009年第2期，第16—20页。
② 吴建南、高小平：《行风评议：公众参与的政府绩效评价研究进展与未来框架》，载《中国行政管理》2006年第4期，第22—25页。
③ Yang Y., Wu J., "Are the 'bigger fish' caught? China's experience of engaging citizens in performance management system", *Public Administration Quarterly*, 2013, 37 (2):143-173.

的冲突,服务于政治理性的公众满意度测评牺牲了技术理性。①

在政府组织开展的公共服务绩效评估缺乏信度、效度和公信力的情况下,第三方政府绩效评估成为社会关注的焦点。通过独立的第三方开展客观、专业的绩效评估,将有利于发挥社会力量监督政府绩效。② 2012年7月国务院印发的《国家基本公共服务体系"十二五"规划》也指出,要开展全国、各地区和各行业的基本公共服务水平监测和评估,"积极开展基本公共服务社会满意度调查。鼓励多方参与评估,积极引入第三方评估。完善基本公共服务问责机制,增加基本公共服务绩效考核在政府和干部政绩考核中的权重"③。鼓励和培育第三方公共服务绩效评估,是一个值得努力的方向。一些地方政府已经尝试委托第三方独立开展公共服务满意度测评,如兰州、北京、青岛、深圳、汉中等城市。还有一些学术机构专门组织了公共服务绩效评估,如华南理工大学、南洋理工大学、中国社会科学院等。④⑤⑥⑦⑧⑨

尽管第三方评估被认为是政府绩效评估的未来发展方向之一,但第三方评估也可能出现与政府组织开展的公共服务绩效评估类似的问题。特

---

① 付景涛、倪星:《地方政府绩效评估的政治理性和技术理性——以珠海市万人评议政府为例》,载《甘肃行政学院学报》2008年第6期,第35—43页。
② 徐双敏:《政府绩效管理中的"第三方评估"模式及其完善》,载《中国行政管理》2011年第1期,第28—32页。
③ 《国务院关于印发国家基本公共服务体系"十二五"规划的通知(国发〔2012〕29号)》,详见中央政府门户网站 http://www.gov.cn/zwgk/2012-07/20/content_2187242.htm,2012。
④ 侯惠勤、辛向阳、易定宏:《公共服务蓝皮书:中国城市基本公共服务力评价(2010—2011)》,社会科学文献出版社2011年版。
⑤ 吴伟、于文轩、林挺进:《提升城市公共服务质量,打造服务型政府——2010连氏中国城市公共服务质量调查》,载《城市观察》2011年第1期,第5—14页。
⑥ 于文轩、林挺进、吴伟:《提升政府治理水平,打造服务型政府——2011连氏中国服务型政府指数及中国城市服务型政府调查报告》,载《华东经济管理》2012年第7期,第26—30页。
⑦ Gao J., "How does Chinese local government respond to citizen satisfaction surveys? A case study of Foshan city", *Australian Journal of Public Administration*, 2012, 71 (2): 136 - 147.
⑧ 郑方辉:《2012中国政府绩效评价红皮书》,新华出版社2013年版。
⑨ 侯惠勤、辛向阳、易定宏:《公共服务蓝皮书:中国城市基本公共服务力评价(2011—2012)》,社会科学文献出版社2012年版。

别是在中国非营利组织和社会监督发展不佳的情况下，政府对第三方的干预和影响较大，第三方的独立性和自律性不强，公共服务绩效评估的信度和效度也值得商榷。①② 因此，第三方公共服务绩效评估的状况如何？其结果是否准确可信？这是值得探讨的重要问题。本章选取两项对中国大城市公共服务绩效进行第三方评估的案例进行比较分析，重点考察其信度如何。这种研究路径类似于"评估的评估"或元评估（meta-evaluation），即对评估结果的可靠性和有效性等的验证与检验。③ 为避免不必要的误解，我们对两项评估进行了匿名处理，分别称为"A 大学"和"B 机构"。

信度是政府绩效外部评估的一个重要质量指标，同效度、全面性、可理解性、功能性等共同构成了衡量"组织报告卡"等组织绩效评估体系的标准。④ 信度即可靠性，指对同一个对象进行重复多次测量的结果之间的一致程度。⑤ 就第三方公共服务绩效评估而言，信度指两个及以上的评估结果之间的一致程度。如果一致程度高，表明公共服务绩效的"可测量性"（measurability）较高，第三方评估的信度较高，是可靠的和稳健的。反之，就有可能导致"公说公有理，婆说婆有理"的纷争，使被评估对象接收到差别较大甚至自相矛盾的绩效信号，左右不是、无所适从，不仅无法指导政府绩效改进，而且可能产生事与愿违的负面影响。由此可见，对第三方公共服务绩效评估的信度进行研究具有至关重要的意义。

本章以下部分安排如下。首先，分别介绍两个第三方公共服务绩效

---

① 包国宪、张志栋：《我国第三方政府绩效评价组织的自律实现问题探析》，载《中国行政管理》2008 年第 1 期，第 49—51 页。
② 曹惠民：《生态学视角下的政府绩效评估研究——以第三方政府绩效评价为例》，载《太平洋学报》2010 年第 18 期第 8 卷，第 81—87 页。
③ Hanssen C. E., Lawrenz F., Dunet D. O., "Concurrent meta-evaluation: A critique", *American Journal of Evaluation*, 2008, 29 (4): 572–582.
④ Gormley W. T., Jr., Weimer D. L., *Organizational Report Cards*, Cambridge, M. A.: Harvard University Press, 1999.
⑤ Hood C., Dixon R., Beeston C., "Rating the rankings: Assessing international rankings of public service performance", *International Public Management Journal*, 2008, 11 (3): 298–328.

评估案例的背景、方法和结果,并对二者的异同进行初步分析。其次,对两项评估的结果进行定量分析,通过实证研究考察评估结果的稳健性和可比性,并探讨两项评估异同的背后原因。最后,对本章研究的贡献和政策启示进行讨论,并指出本章的研究不足和未来研究方向。

第二节 第三方公共服务绩效评估的两个案例

一、A大学服务型政府调查

A大学自2010年起受某慈善基金的资助,开始启动中国城市公共服务质量调查项目,并与国内某大学合作开展调查、测评和排名工作。2011年A大学将调查主题拓展为中国城市服务型政府调查项目,采用计算机辅助电话访问技术进行随机电话访问调查,提高了抽样调查的精确度。该项目认为,单纯的公共服务质量可能还无法完全涵盖服务型政府的真实内涵,因此将测评焦点转向服务型政府,对包括公共服务满意度、政府信息公开、公众参与、政府效能和政府信任等在内的诸多维度进行考察。该项目还独创性地提出了"三位一体"的评估体系,从公众视角、企业视角和客观视角等三个方面对服务型政府进行全景扫描。

二、B机构基本公共服务力评估

B机构与国内某咨询公司合作的基本公共服务力评估项目于2011年启动,主要对中国38个大城市的基本公共服务提供能力进行评估。虽然B机构将其测评内容称为"能力"调查,但其调查内容仍然以公民对各领域公共服务的满意度为主,因此可以归为公共服务绩效评估的范畴。B机构的调查范围和样本量与A大学类似,但在调查方法方面仍然以面对面问卷调查为主。B机构主要专注于公民对公共服务质量的评估,并收集了各城市的客观公共服务供给数据,作为衡量各城市公共服务能力的主要标准。

三、案例比较

表 6.1 对二者的调查要点进行了初步比较,从中我们可以发现二者有许多共同点,但也存在不少差异。

表 6.1 第三方公共服务绩效评估的案例比较

比较项目	A 大学项目	B 机构项目
启动时间	2010 年	2011 年
资助来源	国外慈善基金	政府课题资助
覆盖城市	32 个(2010—2011 年)、34 个(2012 年)	38 个
评估体系	主观(公民)＋主观(企业)＋客观	主观(公民)＋客观
评估指标	各领域公共服务满意度(公民＋企业)	各领域公共服务满意度(公民)
指标数量	75 个(2011 年)、68 个(2012 年)	84 个(2012 年)
加权方法	等权重、主成分分析和主观赋权	等权重和基于公众关注度加权
调查方式	面对面问卷调查(2010 年)、计算机辅助电话访问(2011—2012 年)	面对面问卷调查
问卷题项	57 个(2012 年)	45 个(2012 年)
问卷选项	5 级、10 级(不包括"不清楚""拒答")	2 个、4 个、5 个(不包括"不清楚""拒答")
样本量	28 425 个(25 222＋3 203,2011 年)、27 529 个(23 923＋3 606,2012 年)	19 058 个(2011 年)、25 115 个(2012 年)
原因分析	量化研究	个案研究
结果使用	论文、图书、新闻发布会	图书、新闻发布会
发表时间	每年 11 月	7 月(2011 年)、12 月(2012 年)

注:本表资料来源为两项调查的研究报告和相关新闻报道。B 机构 2012 年的三级指标数量为 84 个,但实际使用的仅为 45 个主观指标,客观指标未使用。

两项调查都由学术机构主持完成,其中,A 大学与国内高校合作,B 机构与咨询公司合作完成。第三方学术机构追求学术研究的严谨性,加之在该领域的专业知识储备,能够确保评估的客观公正。① 两项调查几乎同时启动,其中 A 大学启动稍早一年,B 机构紧跟其后。两项调查的资助来源不同,A 大学由非营利慈善组织资助,而 B 机构则依靠科研项目和合作伙伴资助。

两项调查都关注中国的大城市,以直辖市、省会城市和副省级城市为测评对象。在覆盖城市方面,A 大学的调查在 2010—2011 年包括 4 个直辖市、22 个省会城市、5 个计划单列市(非省会的副省级城市)以及 1 个地级市(苏州)。2012 年未包括苏州但增加了西宁、银川和呼和浩特,囿于少数民族语言问题而未将乌鲁木齐和拉萨纳入调查,覆盖城市 34 个。B 机构的调查一直涵盖 38 个城市,其中包括了 2 个非计划单列市的经济特区(汕头、珠海)。两项调查之所以都选择中国大城市作为调查对象,主要是因为它们的公共服务影响力强、媒体关注度高且数据可获得性好。但在公共服务均等化和城乡公共服务一体化呼声日高的情况下,如何进一步涵盖更多的样本城市并确保其可比性,是一个有待研究的重要课题。

比较有趣的是,两项调查都采用主观与客观相结合的方式进行调查。B 机构通过调查公民获取感知信息,通过政府统计资料获取客观数据。A 大学有所不同的是将企业纳入调查,认识到企业也是公共服务的重要对象。主客观结合的"双元综合评估"也得到了学者们的推崇,②但其效果如何值得探讨。公众满意度和公共服务绩效之间存在一定的差异,关于二者的显著相关性也未获得一致性的结论,能够将其笼统综合仍然是一个值得商榷的问题。③④

---

① 吴建南、阎波:《谁是"最佳"的价值判断者:区县政府绩效评价机制的利益相关主体分析》,载《管理评论》2006 年第 18 卷第 4 期,第 46—53 页。
② 陈振明、刘祺、蔡辉明:《公共服务绩效评价的指标体系建构与应用分析——基于厦门市的实证研究》,载《理论探讨》2009 年第 5 期,第 130—134 页。
③ 王佃利、刘保军:《公民满意度与公共服务绩效相关性问题的再审视》,载《山东大学学报:哲学社会科学版》2012 年第 1 期,第 109—114 页。
④ 曾莉:《公共服务绩效主客观评价的一致性论争:来自不同的声音》,载《东南学术》2013 年第 1 期,第 56—64 页。

更为重要的是，目前客观数据获取存在问题，通常来说滞后 1—2 年，也就是说，将不同年份的主观和客观数据汇总，也存在时间归因偏误的问题。只是考虑到客观投入转化为主观满意度需要一定的时滞，这种方法是允许的，学界也通常倾向于选择采用最近年份的数据作为替代。但是，这种数据处理和汇总方式仍然使跨年比较较难，因为不同年份的数据汇总在一起已经很难明确说明究竟是数据年份不同导致的差异还是公共服务绩效本身发生了变化。更为重要的是，由于客观数据获取方面存在严重滞后、公布不全、统计口径不一致等方面的问题，通常很难将其与主观数据汇总分析，这也是为什么 B 机构在 2012 年没有将其作为最终评估依据，而仅采用主观感知指标衡量的原因所在。

对指标进行加权汇总方面，两项调查的做法基本类似，但又略有差异。它们都采用了等权重的做法进行基础数据的汇总（A 大学对三个以上指标进行了主成分分析），但在更高维度上进行汇总时则采用了不同做法。A 大学最初采用的是主成分分析法，最后三个大维度采用了等权重法，后采用了主观赋权的做法。B 机构调查了公民对不同公共服务领域的关注程度，据此设计了权重进行加总。显然，不同的赋权方法可能会影响测评结果的稳健性，这是一个值得关注的方法论问题。

从两项评估收集主观信息的方法上看，A 大学最初采用的是面对面问卷调查，但随后就选择采用计算机辅助电话访问技术作为主要方法，因为后者在随机抽样、降低成本和大范围覆盖方面优势明显。B 机构一直采用的是面对面问卷调查，并配有其他方法（如电话访问），但这种多渠道收集信息的方式可能使不同来源的信息在可比性方面大打折扣，也会影响调查回复率和样本代表性。

两项调查都开展了大范围的问卷调查，每个城市都涵盖了 700 个左右的公民调查样本量，A 大学则另外在每个城市调查了约 100 个企业。从概率论的角度来看，这种大规模的调查能够确保样本的代表性和抽样误差控制在可以接受的范围。但与此相伴随的一个问题就是，这种大范围的调查成本较高，如何确保调查项目的可持续发展是一个重要问题。

当对城市公共服务质量的评估结果进行解释时,两项调查也采取了不同的策略。A 大学主要依靠量化研究进行解释,而 B 机构则依靠其团队进行典型城市和公共服务领域的案例研究;一个着重积累实证研究知识,另一个则通过"讲故事"进行解释。两种不同的研究策略在结果呈现和受众接受度等方面都会产生不同的影响。

最后,两项调查都通过出版著作和论文以及召开新闻发布会等形式获得了广泛的媒体关注,并得到政府部门的重视,为政府绩效信息使用提供了渠道,也促进了第三方公共服务绩效评估发挥其应有的管理效益和社会效应。两项调查也都选择下半年作为测评结果发布时间,因为跨年调查不利于各城市横向比较,而选择在上半年调查则有利于下半年进行信息发布。但这种时间安排也使采集同一年份的主客观数据面临困难,因此下半年调查而次年上半年发布则有可能克服这一障碍,却有可能牺牲调查的时效性。

第三节 结果

一、数据与方法

本章主要以两项评估在 2012 年的调查结果为依据,通过相关分析对其总体评估结果和各领域评估结果的相关系数进行分析。[①] 由于 B 机构仅调查了公民,A 大学则调查了公民和企业,我们仅以公民调查结果为依据进行比较分析。2012 年 B 机构的客观评估结果未公布,我们也未将其纳入分析。两项评估的量纲和加权方法不一致,因此无法直接进行均值差异检验(T 检验)。

由于两项评估涵盖的城市范围略有差异,因此 2011 年的比较城市包括 31 个,2012 年可以相互比较的城市数量为 34 个,即 4 个直辖市、25 个省会城市和 5 个计划单列市。

[①] Piotrowski S. J., Ansah Esi, "Organizational assessment tools: Report cards and scorecards of the federal agencies", *Public Administration Quarterly*, 2010, 34 (1):109 - 142.

二、总体公共服务绩效

尽管两个评估案例在体系和方法上存在差异,简单比较无异于将"苹果"和"梨"相比较,但我们仍然期望考察一下不同"排行榜"对同一组城市政府的不同评估。A 大学有关公众视角的维度包括公共服务满意度、公众参与、信息公开、政府效能和政府信任等;B 机构仅包括公共服务满意度,其中的公职服务同政府效能接近,因此我们将二者作为同等领域进行比较。

我们笼统地将两者进行相关分析,结果见表 6.2。一般来说,皮尔逊相关系数在 0.8 以上属于相关程度极高,0.6—0.8 属于高度相关,0.4—0.6 属于中度相关,0.2—0.4 属于低度相关,而 0.2 以下属于相关程度极低。[①] 从横截面角度来看,两者在 2012 年的相关系数为 0.4862,2011 年为 0.5641,均在 0.05 的水平上通过统计显著性检验,属于中度相关。从纵贯角度而言,A 大学的评估结果在两年之间的相关系数(0.8210)远高于 B 机构(0.4254),表明前者的评估稳健性更高,也更能反映公共服务绩效的稳定性。当我们采用等权重法将二者相同的维度进行加总比较时,2012 年两者的相关系数为 0.557,略有提高,但仍然有很大的差异。

表 6.2 总体公共服务绩效评估结果的相关关系矩阵

	中国社科院 12	中国社科院 11	南洋理工大学 12	南洋理工大学 11
中国社科院 12	1			
中国社科院 11	0.4254*	1		
南洋理工大学 12	0.4862*	0.5236*	1	
南洋理工大学 11	0.3786*	0.5641*	0.8210*	1

注:变量尾号 12 表示 2012 年数据,样本量为 34 个;11 表示 2011 年数据,样本量为 31 个。* 表示在 0.05 的水平上统计显著。

---

① Evans J. D., *Straightforward Statistics for the Behavioral Sciences*, Pacific Grove, C. A.: Brooks/Cole Publishing Company, 1996.

我们绘制了两项评估在 2012 年的二维散点和线性拟合图,结果显示二者在许多城市的得分和排名方面都存在较大差异(见图 6.1)。较为典型的差距体现在南京(在两项排名之间相差 20 名,下同)、沈阳(19)、上海(17)、银川(16)、北京(15)。结果说明,即便都是第三方独立公共服务绩效评估,二者对同一组城市的排名却差异较大,可以使一些城市从"先进"一落千丈成为倒数的"后进",反之,又使一些城市从一个排行榜上的"差生"摇身一变成为"优等生"。例如,南京在 B 机构排名第 5 名(仅计算 34 个样本城市),而在 A 大学的排名为第 25 名,即倒数第 10 名;银川在 B 机构排名第 27 名,而在 A 大学的排名升为第 11 名,与大连并列"十佳城市"。与此同时,一些城市在两个排行榜中都保持较为一致的排名,如厦门、宁波、南昌、西安、长沙等,排名变化不超过 2 名,按照 95% 的置信区间是可以接受的波动范围。

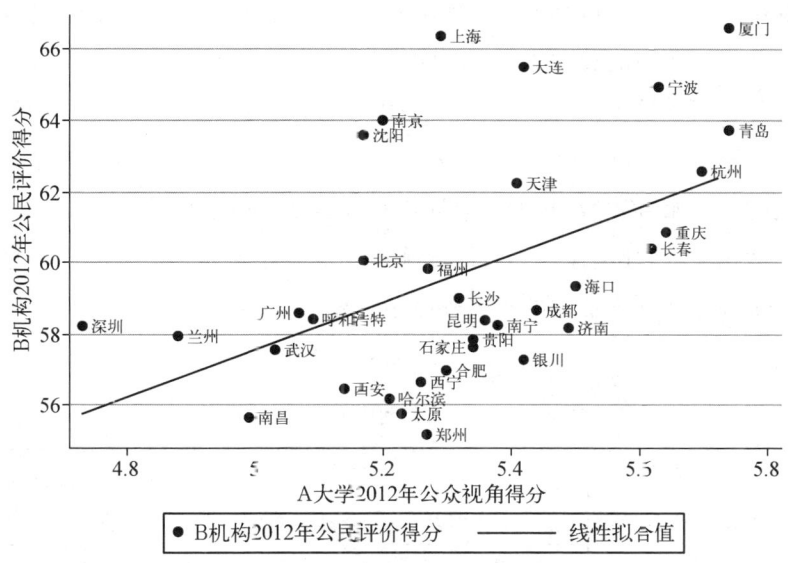

图 6.1　2012 年两个项目总体公共服务绩效评估得分的散点图与线性拟合图

三、各领域公共服务绩效

针对各领域公共服务绩效的评估更有利于比较,因为它们在涵盖的范围方面更加准确和细分,比较的结论也更为可靠。A 大学的公民满意度评估包括公共教育、医疗卫生、住房保障、社会保障、环境保护、公共安全、基础设施、文体设施、公共交通等 9 个领域,B 机构的调查包括公共交通、公共安全、住房保障、基础教育、社会保障和就业、基本医疗和公共卫生、城市环境、文化体育、公职服务等 9 个领域。两项调查较为一致的有 8 项,A 大学对政府效能的测评同 B 机构对公职服务的调查较为一致,因此总共包括 9 项子领域可供比较。

由表 6.3 可知,两项评估在 9 个子领域的相关系数均值为 0.4392,属于中度相关。其中,相关系数最高的是环境保护领域,为 0.7663;相关系数最低的是住房保障领域,为 0.1288。分析结果显示,我们考察的 9 个公共服务领域的相关系数均为正,且有 7 个领域通过了 0.05 水平上的统计显著性检验,仅有住房保障和医疗卫生领域的相关系数低于 0.2 且统计不显著。环境保护、公共安全和公共交通等 3 个领域都属于高度相关的公共服务领域,相关系数均在 0.6 以上。政府效能和公共教育属于中度相关,而社会保障和文体设施属于低度相关。为什么不同领域的公共服务在两项评估中的相关程度不尽相同,对此我们将在后文中详细讨论。

表 6.3 各领域公共服务绩效的评估

A 大学项目		B 机构项目			相关系数
服务领域	指标数量	服务领域	指标数量	公众关注度	
环境保护	1	城市环境	6	0.0760	0.7663*
公共安全	1	公共安全	5	0.11124	0.6916*
公共交通	1	公共交通	5	0.07338	0.6021*
政府效能	2	公职服务	6	0.0280	0.4671*

续表

A 大学项目		B 机构项目			相关系数
服务领域	指标数量	服务领域	指标数量	公众关注度	
公共教育	1	基础教育	4	0.10228	0.4326*
社会保障	1	社会保障和就业	4	0.19438	0.3589*
文体设施	1	文化体育	4	0.04167	0.3533*
医疗卫生	1	基本医疗和公共卫生	6	0.13756	0.1527
住房保障	1	住房保障	4	0.13514	0.1288
基础设施	1	/	/	/	/

注：表中为 2012 年数据，样本量为 34 个。*表示在 0.05 的水平上统计显著。

我们还分析了公众关注度(B 机构调查结果)同两项测评的相关系数之间的相关关系，以考察公众关注的公共服务领域是否恰恰是社会群体分配不均等的。通常来说，公众对特定公共服务领域的高度关注主要源于它们与其切身利益紧密相关，并且存在较高的不公平程度，从而诱发了公众的强烈不满和关注。因此，我们可以假设公众关注度与二者相关系数之间正相关，即公众关注度越高的公共服务领域也常常是两项调查无法达成一致结果的领域。

表 6.3 的显示结果同我们假设的一样。公众关注度最高的社会保障和就业、医疗卫生和住房保障，也恰恰是两项调查相关系数最低的公共服务领域，而文化体育是一个例外。从 B 机构报告的各领域公众满意度来看，公众关注度最高的未必是满意度最差的，如医疗卫生满意度排名第一；A 大学的调查则显示，公众对住房保障和医疗卫生最不满意，也是公众最关注的领域之一。

这个结果似乎说明，中国那句"不患寡而患不均"的老话甚至有可能演变为既"患寡"而又"患不均"。但零点调查的结果显示，各领域的公共服务可以分布在由重要性和绩效构成的二维矩阵中的任何角落，因此更细致的研究还需要积累更丰富的数据。①

第四节　讨论

一、原因探析

为什么同样是第三方公共服务绩效评估,两项针对同一组中国大城市的独立评估却得出了不同的结果。结合前文对两项评估的初步比较,我们可以将二者的结果差异归结为以下几个原因。

首先,二者的测评指标体系存在差异,直接导致了测评结果的不同。表 6.1 显示,B 机构的调查题项较为细致,平均每个公共服务领域包括 5 个题项,共计涉及 45 个问题;A 大学的调查大多是一个公共服务领域一个题项,简便可行,但代价是很难做到细致深入。二者的量纲也不同,B 机构采用的是 2 个、4 个、5 个等三种选项,而 A 大学采用了 10 级和 5 级两种量纲。公众受制于知识水平和阅历等,对不同量纲的精度的把握能力不同,会对评估结果产生一定的影响。更为重要的是,二者对各调查题项的操作化方法不同。A 大学采用的是"满意不满意"和"同意不同意"的尺度,而 B 机构则采用公民对某公共服务的实际感知状况衡量,如距离文体休闲设施的远近、打车等候时间的长短等。

其次,二者的抽样和调查方法不尽相同,使对同一组城市同一个领域的测评结果不同。A 大学的调查采用计算机辅助电话访问方法,能够根据电话号段对公众进行随机抽样,其样本代表性较佳。B 机构的调查主要采用面访自填问卷,可能会存在样本代表性偏低的问题。B 机构在报告中也指出,在样本特征分布方面,特别是在学历、工作单位性质和收入等方面存在高学历人员、"体制内人员"和高收入者的比例偏高的问题。这种样本特征可能会严重影响测评结果,因为这些社会强势群体对

---

① 参见托尼·塞奇、李明《公民对治理的认知:中国城乡居民满意度调查》,载《经济社会体制比较》2011 年第 4 期,第 92—101 页。

公共服务的满意度显然不同于社会弱势群体,而后者恰恰是更加需要公共服务关注的社会群体。

由此也不难理解为什么住房保障、医疗卫生、文体设施、社会保障、公共教育等的相关度较低,因为这些公共服务在很大程度上属于"俱乐部服务",排他性较强,即受到户籍、经济状况和社会地位等因素的制约,因此不同样本的感知和评估水平会差异较大。相对来说,环境保护、公共安全和公共交通都属于普适性的公共服务,任何人都享有同等权利,而不受上述特征的"门槛效应"影响,因此它们在两项调查中的相关度非常高。

再次,二者的加权平均方法不同,也对结果的差异产生了影响。B机构在各公共服务领域内部采用简单平均法,而在形成公共服务整体得分时采用各公共服务领域的公众关注度作为权重进行加总。A大学的加权方式略有不同,对公共服务满意度的加权采用了等权重的做法。我们的分析显示,当将二者的加权方式归一化后,总体公共服务绩效的相关系数得到了一定程度的提升,表明加权方式不同可能是其结果差异的一个重要原因。

最后,公共服务绩效的"测不准"是永恒的,我们只能不断逼近而无法企及完全的精确。每种公共服务绩效评估其自身都会存在误差,而这种误差又会影响它们之间的比较,这一点在本章考察的两项第三方评估中也得到了体现。显然,我们无法完全准确地测量公共服务绩效,但当设定了一个可以接受的预期误差范围或置信区间(如95%)后,我们仍然能够获得一个令决策者满意的测量结果,而这也是有限理性情境下的现实决策逻辑。

需要说明的是,尽管存在上述差异,两项评估的结果仍然是显著正相关的或在部分公共服务领域正相关但不显著,总体不存在负相关的情况。这表明它们都对样本城市的公共服务绩效做出了较为准确的评估,可以作为城市政府在衡量和改进公共服务绩效方面的参考依据。

二、研究贡献与政策建议

国际学界有关组织计分卡的研究较多,对日益增长的外部绩效评估开展了大量研究。① 有关世界治理排名的分析也越来越多。② 总体来说,目前有关这方面的研究仍然以美国和国际组织为主,而缺少来自发展中国家的证据。本章以两个中国的案例为基础,对有关第三方公共服务绩效评估的问题进行了初步研究,提供了来自中国的证据,对于学界进一步考察这些问题大有裨益。本章的研究揭示了衡量和比较第三方公共服务绩效评估的方法,并发现第三方绩效评估在不同公共服务领域的表现可能会存在较大差异,为学界进一步理解和探讨第三方绩效评估的相关问题提供了启示。

本章的研究发现,即便是两个相互独立的第三方公共服务绩效评估,也会得出有显著差异的结果。这提醒我们,政府绩效管理不应硬性和刚性;绩效问责也不应"一刀切",以避免误用和滥用。现在越来越多的政府委托第三方机构开展独立的政府绩效评估或公共服务满意度测评,这种发展趋势是值得鼓励的,因为它顺应了政府绩效管理的潮流。许多高校、学术机构、咨询公司、新闻媒体等也积极响应,组织开展了大量第三方公共绩效评估和排名活动,为政府管理决策和政策执行提供了参考依据和政策建议。从政府和第三方机构的角度而言,在政府绩效评估方面都取得了可喜的进展,但本章的研究结果仍然指出了有待完善的地方。

我们的研究显示,第三方政府绩效评估可能同样存在与政府自我绩效评估类似的问题,也会发生信度不高、效度不佳、结果不稳定和不可靠

---

① Gormley W. T., Jr., Weimer D. L., *Organizational Report Cards*, Cambridge, M. A.: Harvard University Press, 1999.
② Hood C., Dixon R., Beeston C., "Rating the rankings: Assessing international rankings of public service performance", *International Public Management Journal*, 2008, 11 (3): 298-328.

等问题。政府在使用第三方公共服务绩效评估结果时需要慎重,要"擦亮眼睛",根据自身的状况和第三方评估在独立性、信度、效度、全面性、可理解性、功能性等方面的表现作出判断,选择最适合或最能反映其绩效表现状况的第三方评估结果。政府也不能过分偏倚任何一个第三方绩效评估来源,而应该综合利用多种来源和渠道的评估结果,对公共服务绩效作出一个公允的评判,并用于指导公共服务绩效改进。这种做法也符合"循证公共管理和公共政策"的诉求,即博采最新、最全面的证据,据此作出管理决策,制定公共政策。①

尽管政府绩效信息使用被认为是联结绩效测量与绩效管理的关键纽带,但过度使用、误用和滥用政府绩效信息却可能导致难以预料的负面结果。目前许多地方政府将政府绩效评估结果运用到严格的干部奖惩中,可能会导致适得其反的效应。偏误的评估结果会发出误导性的信号,使基于绩效的奖惩无法达到预期效果,因为表现良好的可能无法获得嘉奖,而表现不佳的却可能因为测量偏误而获得奖励,真实的激励效果将大打折扣。此外,更为重要的是要对绩效改进予以奖惩,即不仅关注政府绩效的存量,而且更应关注政府绩效的增量,因为存量在多数情况下会更多受制于区域和政策领域本身固有的资源禀赋和发展基础,而增量则更多反映了政府部门的能力和努力程度。

从第三方公共服务绩效评估方的角度而言,我们的研究也提出了值得注意的方面。如果第三方公共服务绩效评估服务于"排行榜"的排名目的,那么就需要特别慎重,因为测量和评估存在较大的误差。来自经济合作与发展组织(OECD)、世界银行等国际组织的经验都指出,应该将排名的局限予以报告,特别是说明排名的置信区间。② 如果第三方公共

---

① Heinrich C. J., "Evidence-based policy and performance management: Challenges and prospects in two parallel movements", *The American Review of Public Administration*, 2007, 37 (3):255 – 277.

② Arndt C., Oman C., *Uses and Abuses of Governance Indicators*, Paris: OECD Development Centre, 2006.

服务绩效评估的主要目的在于通过评估识别有待改进的领域并提出有针对性的改进措施,那么这种评估的排名功用就需要弱化。[1]

与政府自行组织的公共服务绩效评估相比,第三方评估具有明显的制度和技术优势。但第三方评估之间也存在一定的竞争关系,都在"政府绩效信息市场"上努力争夺政府的有限注意力。[2] 当缺乏来自其他竞争对手的强有力挑战时,第三方也可能出现自律失调问题,导致评估结果偏误甚至被收买和俘获。[3] 因此,我们呼吁更多的学术机构参与到第三方公共服务绩效评估的行列中,通过提供更多的绩效信息选择,丰富"政府绩效信息市场",从而通过优胜劣汰的良性竞争,推动第三方公共服务绩效评估事业的健康发展。这一点同大学排名的发展规律是一致的,即越来越多的大学排名涌现,为"消费"这些排名的大学提供了更多的选择,也为优胜劣汰并使优秀的大学排行榜脱颖而出提供了制度基础。[4] 我们期望尚在"襁褓之中"的中国第三方公共服务绩效评估能够得到外界的更多宽容,通过优胜劣汰实现快速发展。

三、研究不足与未来研究方向

本研究的局限性表现在以下方面。首先,我们的分析主要是横截面比较,还缺少更为具体的纵贯比较,这有待于在未来数据可以获取的时候予以考察。其次,本研究的样本量受制于第三方评估的覆盖范围,很难拓展到其他城市和政府层级。相对来说,区县和乡镇(街道)层级的政府承担了大量的基本公共服务的直接提供职能,公众与它们的接触也更

---

[1] Nardo M., Saisana M., Saltelli A., *Handbook on Constructing Composite Indicators: Methodology and User Guide*, Paris: OECD Publishing, 2005.
[2] Rogers E. W., Wright P. M., "Measuring organizational performance in strategic human resource management: Problems, prospects and performance information markets", *Human Resource Management Review*, 1998, 8(3):311-331.
[3] 包国宪、张志栋:《我国第三方政府绩效评估组织的自律实现问题探析》,载《中国行政管理》2008年第1期,第49—51页。
[4] Aguillo I., Bar-Ilan J., Levene M., "Comparing university rankings", *Scientometrics*, 2010, 85(1):243-256.

多,对它们的研究可能更有助于我们认识第三方公共服务绩效评估的问题。

本章的研究只是初步的和探索性的,还有待于其他研究的进一步检验。整体来说,第三方公共服务绩效评估还处于起步和探索阶段,已经公开或披露的案例还较为有限,无法支撑更加深入细致的比较研究。这也说明进一步提升第三方政府绩效评估的信息公开和透明度,可能是未来该领域发展的重要取向。本章期望在未来通过深度访谈等方法,对更多的第三方公共服务绩效评估案例进行研究。与此同时,也期望未来研究能够对其他类似的第三方公共服务绩效评估进行"元评估",以推动第三方评估健康有序发展。

第七章 第三方公共服务绩效评估:两个案例的纵贯比较

第一节 引言

随着公共服务绩效评估成为加强政府问责和提升政府绩效的重要举措,以及提高公共服务质量和推进服务型政府建设的重要手段,越来越多的政府将公共服务绩效纳入目标责任考核体系中,并通过公众满意度调查等方式获取公共服务绩效信息。较为典型的有政风行风评议、"万人评政府"、"开门评议"等活动。例如,珠海、南京和沈阳等城市在20世纪90年代就开展了公民调查项目,获取公民对政府绩效和公共服务质量的评估和意见。这些活动虽然为公众提供了参与政府绩效评估的渠道,但同时也存在诸多问题。①

由于测评通常将公众满意度与部门绩效挂钩,以此来进行财政和人力资源的分配,甚至进行末位淘汰和一票否决,一定程度上激励了政府部门采纳逆向行为,如操纵绩效信息的搜集和发布过程,使评估结果并

---

① 周志忍:《政府绩效评估中的公民参与:中国地方政府的实践与经验》,人民出版社2015年版。

不能反映政府部门的真实绩效水平。① 另外,由于专业性的缺陷,政府机构向公众征求意见的公民调查,往往面临一系列方法论问题,如问卷设计不合理、问卷发放的随意性强、问卷统计不恰当等。有学者认为,政府进行公民满意度测评面临着巨大的政治利益诉求,是政府宣传其绩效的重要手段。

针对传统目标责任制和公民满意度测评的缺陷,学术机构、大众媒体、咨询公司等非政府组织自2000年以来开始发起并实施政府绩效的外部评估活动,也称为"第三方评估"。比如兰州大学在2004—2006年对甘肃省级政府部门和部分市政府进行绩效评估,华南理工大学自2007年开始对广东省的21个地级市和121个县的政府绩效进行评估。这些第三方评估活动弥补了传统公共服务测评的缺陷,评估结果相对公正和客观,并引起了各级政府部门的广泛关注。

不少学者认为,第三方评估是加强政府外部问责和促进政府职能转变的重要举措。但也有学者指出,第三方评估在独立性、信度和效度等方面面临一系列挑战。于文轩和马亮在分析中国11项外部评估之后发现,外部评估在独立性、信度和效度等方面存在问题,越来越多的政府绩效外部评估项目在涌现,但却经常产生自相矛盾的评估结果,导致政府官员渐渐对第三方评估失去了兴趣。② 苏伟业在分析武汉市的政府绩效评估项目后发现,由政府发起和主导的第三方评估项目不能反映政府部门的真实绩效,其实质上是一种加强科层控制的管理手段,而非民主手段。③ 中国尚没有政府绩效评估方面的专门法律法规,如何保持第三方评估的中立性、公正性,以及评估结果的有效性和可信度,成为一个值得

---

① Gao J., "Governing by goals and numbers: A case study in the use of performance measurement to build state capacity in china", *Public Administration and Development*, 2009, 29 (1):21-31.

② Yu W., Ma L., "External government performance evaluation in China: Evaluating the evaluations", *Public Performance & Management Review*, 2016, 39 (1):144-171.

③ So B. W. Y., "Civic engagement in the performance evaluation of the public sector in China", *Public Management Review*, 2014, 16 (3):341-357.

关注的问题。因此,有必要对第三方政府绩效评估的绩效情况予以考察。

第三方机构开展的外部绩效评估为政府部门和公共管理人员提供了额外的绩效信息,这使他们可以据此开展绩效预算、循证决策和绩效改进等,并有利于政府持续提升公共服务质量。但是,这些外部绩效评估是否可靠?它们是否对公共服务绩效进行了合理和有效的测评?如果外部评估无法对公共服务绩效予以有效和可靠的评估,就很难为决策者提供有用和可信的绩效信息,甚至可能误导政府决策和政策执行。当两个及以上的外部评估对同一个对象和内容得出不一致乃至自相矛盾的评估结果时,就可能发出冲突性的绩效信息,并会导致决策者信息冗余和无所适从。例如,对大学排名的研究发现,不同排名机构得出的迥异结果,使大学管理者迷失了方向,或者策略性地使用对其有利的排名。因此,对外部绩效评估的信度和效度进行评估,就具有十分重要的研究意义。

尽管外部绩效评估的信度和效度至关重要,但是相关研究却不多见。马亮和于文轩曾对中国两个大型的公共服务绩效测评项目进行信度比较,结果发现两个项目在部分领域的相关系数较高,但在另一些领域的相关关系却并不显著。① 这项研究选取的是两个项目在 2011 年和 2012 年两年的评估数据,而且主要是横截面的比较,缺少跨时间的纵贯信度检验。因此,本章在此基础上选取了两个项目在 2011—2014 年共四年的数据,在进行重复验证的同时,进一步对两个项目进行跨时间的纵贯比较。

本章首先介绍这两个外部绩效评估项目的具体实施背景和实施情况,并提出研究假设。其次,介绍本研究使用的数据及其分析方法。再次,报告主要研究发现。最后,讨论研究结果的政策意涵,并总结本研究

---

① 马亮、于文轩:《第三方公共服务绩效评价的评价:一项比较案例研究》,载《南京社会科学》2013 年第 5 期,第 55—63 页。

的不足和未来研究方向。

第二节　研究案例与理论假说

一、A 大学服务型政府调查

A 大学自 2010 年开始接受其慈善资金的资助，每年对中国 30 余个主要城市的服务型政府建设情况进行追踪调查，对城市的公共服务质量、政府透明、公众参与、政府廉洁、政府效能等方面进行了测量和评估。在指标设置上，A 大学参考国际通行的公共服务公众满意度的指标体系构建方法，结合德尔菲法和问卷调查的方式，构建了五个维度的公众对所在城市的公共服务满意度评估指标体系。公共服务满意度具体细化为基础教育、公立医院等九项公共服务，总计包括 13 个子领域。

在调查方式上，A 大学在第一年采取的是面对面的问卷调查。2011年后，A 大学改善了其抽样方法，采用计算机辅助电话访问技术进行随机电话访问调查，提高了抽样调查的代表性和精确度。在结果的使用上，A 大学每年都会通过出版蓝皮书和报告的形式向社会公布其调查结果，并向政府提升公共服务满意度提供政策建议。此外，在评估的基础上 A 大学还推出了"中国城市公共服务质量指数"和"中国城市服务型政府指数"，用于评估中国城市的公共服务提供情况。

值得说明的是，在调查对象上，A 大学独创性地提出了"三位一体"的评估体系，从公众视角、企业视角和客观视角等三个方面对服务型政府进行全景扫描，以使评估结果更能体现服务型政府的真实内涵。由于语言等困难，A 大学每年的城市样本数并不一致，到 2014 年样本城市基本涵盖了所有的直辖市、省会城市和计划单列市，可比较的城市得到增加。

二、B 机构基本公共服务评估

B 机构与国内某咨询公司合作，从 2011 年开始推出基本公共服务力评估项目,主要从公共交通、公共安全、公共住房、基础教育、社保就业、医疗卫生、城市环境、文化体育、公职服务等九方面,对中国38个大城市的基本公共服务提供能力进行测评和排序。

在指标设置方面,B机构依据《国家基本公共服务体系"十二五"规划》,构建了九个领域三级指标的评估方案,主要通过考察公民主观认知情况计算各领域的公民满意度。在调查方式上,B机构一直采取面对面问卷调查,特别是街头拦访方式,抽取公民对公共服务进行评估。

和A大学一样,B机构每年12月都会出版《公共服务蓝皮书》,向社会公布其调查和排名结果,在社会上引起广泛关注和讨论。多个被评城市的地方政府网站都对B机构的评估给予关注并积极评估,蓝皮书提出的部分建议也被决策部门所借鉴和采纳。此外,B机构提出了GDP对公共服务满意度的杠杆指数、城市公共服务满意度上升指数、公共服务满意度要素发展指数等评估工具,对各城市的基本公共服务表现进行评估。同时它还选取了公共领域中群众最关心的公共服务问题和基本公共服务表现优秀的城市进行案例分析,为其他城市的基本公共服务建设提供蓝本。

虽然B机构将其测评内容称为"能力"调查,但其调查内容以公民对整个服务领域的评估和满意度为主,同时加入部分客观评估指标,形成城市公共服务的满意度得分。在评估体系上,B机构通过测评公众的关注度对各个指标分配权重,因此B机构的能力调查也可以归为公共服务绩效评估的范畴(如表7.1所示)。

表7.1　两个公共服务绩效评估项目的比较

项目	A大学服务型政府调查	B机构基本公共服务评估
启动时间	2010年	2011年
资金来源	慈善基金	政府课题资助
覆盖城市	32个(2011年)、34个(2012年)、36个(2013年、2014年)	38个

续表

项目	A大学服务型政府调查	B机构基本公共服务评估
评估内容	城市服务型政府指数	城市基本公共服务力
评估体系	主观满意度+客观指标	主观满意度+客观指标
评估主体	公民+企业	公民
调查方法	计算机辅助电话访问	面对面问卷调查
样本数量	28 425个(2011年)、27 529个(2012年)、31 510个(2013年)、29 057个(2014年)	19 058个(2011年)、25 115个(2012年)、19 843个(2013年)、24 717个(2014年)
指标设置	三级;28个(2011年)、21个(2012年)、28个(2013年)、28个(2014年)	三级;43个(2011年)、45个(2012年)、56个(2013年)、64个(2014年)
问卷选项	5级、10级(不包括"不清楚""拒答")	2个、4个、5个(不包括"不清楚""拒答")
加权方法	等权重、主成分分析	等权重、基于公众关注度的加权
分析方法	量化研究	个案研究
公开方式	论文、研究报告、图书、新闻发布会	图书、新闻发布会

注:本表资料来源为两个项目公开发表的研究报告或相关新闻报道;A项目的指标设置个数只计算公民调查部分。

三、研究假设

信度指测量的稳定性,即不同测量者使用不同测量方法和在不同时间进行测量的结果应该具有很高的一致性。如果测量的信度不高,那么就可能影响测量的可靠性,并使其潜在效用大打折扣。对于外部评估而言,如果不同机构对同一组政府的公共服务绩效得出不一致甚至截然相反的结果,那么就意味着它们的信度不高。这不仅会影响外部评估的声望和可持续性,还会对公共管理人员发出误导性的信号。

根据以上分析,我们发现两个评估项目都是针对中国大城市的公共服务绩效评估,且覆盖城市和评估年份基本一致。与此同时,两个项目在指标选取上都包括了公民满意度和客观评估指标,使用的调查和测评方法也类似。从信度分析的角度而言，理论上讲两个项目的评估结果应该较为一致。因此，我们提出如下研究假设。

假设1　两个项目的评估结果具有正相关性。

由于两个项目的抽样方法存在差异，因此它们对调查城市总体人口的代表性不同。尽管两个项目对主要公共服务领域都进行了测评，但是不同领域之间可能因为抽样方法的差异而有所不同。在评估范围上，两个评估项目覆盖了九个可比较的子领域，包括公共交通、公共安全、住房保障、基础教育、社会保障、基本医疗、城市环境、文化体育和公职服务。

按照公共产品供给的竞争性和排他性标准，我们可以对这九个子领域进行划分。根据萨瓦斯的定义，产品的竞争性是指一个消费者对产品的消费会减损他人对该产品的消费。① 因此，如果消费者的数量超过产品的承受能力时，就会产生拥挤问题。排他性是指如果物品和服务的潜在使用者没有达到潜在供给者提出的条件，他们就可能被拒绝使用该物品或者被排除在该物品的使用者之外。换句话说，排他性是一个成本问题，消费者对排他性物品的享用需要达到准入门槛标准。

在九个子领域中，公共交通、公共安全、城市环境和公职服务等是纯公共产品，产品难以分割，排他性很低，任何公民都具有享受该服务的条件和能力。因此，同一城市的公民在该领域享受的公共服务水平基本一致。住房、教育、社保、医疗、文体等属于准公共产品，它们的竞争性和排他性都较高，有一定的准入门槛，不同收入、不同阶层或不同区域的公民在使用体验上可能存在较大差别，在供给时可以采取政府和市场等多种供给方式。

对于竞争性和排他性都低的公共产品，同一城市居民的感知度基本一致，抽样总体的异质性很低，不同的抽样方法对样本的代表性影响不大，两个项目的评估结果应该较为一致。而对于竞争性和排他性高的领域，由于居民的年龄、收入、民族、职业等都可能会对测量的结果产生影

---

① 参见[美]E. S. 萨瓦斯《民营化与公私部门的伙伴关系》，人民大学出版社2002年版。

响,抽样总体的异质性较高。如果抽样方法不科学,可能会对评估的精确度及样本的代表性产生较大损害。因此,本章进一步提出第二个假设。

假设2 两个项目在不同领域的评估结果之间的相关性不同。在竞争性和排他性越低的领域,二者的相关关系越高;反之亦然。

在指标体系设计上,两个项目都是通过公民调查获取感知信息,通过政府统计资料获取公共服务供给的客观数据,再将二者结合起来得出评估结果。但是,国内外还没有研究证明公民满意度与公共服务绩效存在绝对的相关性,而且两者测量的是不同的构念,采用的是不同的测量指标,能否将二者加总还值得考虑。

一般而言,客观投入和产出要转化为主观满意度等结果,往往存在一定的时滞。即今年的投入在一定时期之后,公民才能感知到公共服务的改善。因此,某一年份公共服务投入的改善并不会在公民评估结果上产生立竿见影的效果。即在一定时期内,公民感知的公共服务质量应该是稳定不变的。相隔时间越远,公共服务评估结果的变化越明显;反之,公共服务测评的结果变化不大。据此,我们提出评估信度的如下研究假设。

假设3 同一项目相近年份的评估结果之间的相关关系较高;相隔时间越远,不同年份的评估结果之间的相关关系越低。

除了上面提出的三个假设,本章希望进一步检验在两个项目的发展过程中是否存在"学习效应",即两个评估项目随时间变化的趋近情况。"学习效应"原本指在企业中工人、技术人员等在长期的生产过程中,可以通过积累生产和管理经验,使产品的单位生产时间缩短。在公共管理领域,也存在类似于企业的"学习效应"。比如在政策学习和政策扩散中,政策主体通过自我学习或者向其他政策主体学习,借此达到政策的持续完善。

我们假设,每个独立的第三方评估项目在发展过程中会不断遇到各种各样的问题,评估者会根据以往的评估表现调整其评估体系或调查方法，以提高项目的效度和信度。此外，不同的评估项目之间会关注彼此的存在，也会关注其他评估项目的排名和结果。评估者会根据其他项目的表现调整自己评估方案中的不当部分，并在相互学习中趋向成熟和一致。

本章选取的 A、B 两个项目都是公开进行的公共服务绩效评估，启动年份和评估内容相似，且两个机构每年都会通过图书、研究报告、论文和新闻报道等形式公开调查结果。一定意义上，两个项目存在很强的竞争关系，即都会争夺几乎同样的受众群体。因此，我们可以认为两个项目的实施者都知道彼此的存在，也会关注对方的评估和排名，并在项目发展中根据自身实践和其他项目的经验调整自己的评估策略。据此，我们提出本章的第四个研究假设。

假设 4　两个项目的评估结果之间的相关关系会逐年递增，并越来越趋于一致。

第三节　数据与方法

一、分析单元和数据来源

本章选取两个评估项目在 2011—2014 年四年中的调查结果，使用的数据均来源于两个项目公开出版和发行的资料。以此为依据，我们对两个评估项目分年份、分领域、分城市地进行比较。由于两个项目的覆盖城市和调查对象略有差异，因此我们选取两个项目重叠的部分进行比较。

考虑到评估指标的可比性，我们只选取公民调查结果进行比较。在样本城市数量上，2011 年是 31 个城市，2012 年是 34 个，2013—2014 年是 36 个。在评估内容上，我们选取两个项目重叠的公共服务领域，包括公共交通、公共安全、住房保障、基础教育、社会保障、基本医疗、城市环境、文化体育、公职服务等九个公共服务领域。

二、分析方法

在数据分析方法上，本章主要对两个项目的信度进行检验。信度指测量结果的一致性、稳定性和可靠性，它主要包括两个维度的测量：一是跨时间的信度测量，即同一主体在相邻时间的测量结果的一致性；二是横截面的信度测量，即不同的两个评估主体测量结果之间的一致性程度。如果跨时间的信度较低的话，说明该测量在纵向上是不稳定的；如果横截面的信度低的话，说明在比较的两项测量中至少有一项测量的结果是不可靠的，或者两项都不可靠，因为我们都无法得悉真实的结果。

对公共服务绩效测评来说，如果信度低，则说明测量结果是不可靠或不稳定的，绩效信息使用者可能接收到错误的"绩效信号"。这样一来，不仅不能指导相关政府部门的管理实践，还有可能损害第三方评估的权威性。因此，研究第三方政府绩效评估的信度，对其健康和持续发展具有十分重要的意义。

由于两个评估项目的样本城市基本一致，但采取的量纲和加权方法不同，因此我们无法直接进行均值差异检验。因此，本章主要使用相关分析对两个项目的测评结果进行信度检验，包括两个项目得分的皮尔逊简单相关关系和城市排名的斯皮尔曼顺序相关关系（见表7.2）。一般来说，皮尔逊相关系数在0.8以上属于相关程度极高，0.6—0.8属于高度相关，0.4—0.6属于中度相关，0.2—0.4属于低度相关，0.2以下属于相关程度极低。斯皮尔曼顺序相关关系主要针对城市的排名或先后顺序之间的相关关系进行评估，其系数大小的解读同皮尔逊相关系数类似。由于决策者的时间和精力有限，且城市排名的媒体效应和公众影响更大，因此绩效排名之间的一致性可能更值得关注。

第四节 结果

一、总体公共服务绩效比较

尽管两个测评项目存在些许差异，但两者关注的对象都是政府公共服务提供的能力和效果,测评对象又是同一时期的中国主要城市,两者具有相当的可比性。A 大学调查的公众视角下的政府公共服务与 B 机构评估的公共服务满意度基本是同一个构念,因此我们可以对二者得到的总体公共服务满意度进行比较。

2011—2014 年两个项目的总体相关关系属于中度,皮尔逊和斯皮尔曼相关系数分别为 0.496 和 0.528,均通过 0.05 水平上的统计显著性检验。从横向对比来看,两个项目在 2011—2014 年的皮尔逊相关系数分别为 0.639、0.474、0.17、0.337,斯皮尔曼相关系数分别为 0.604、0.496、0.258、0.389,除了 2013 年外均在 0.05 的水平上统计显著。2011 年和 2012 年两个项目评估结果属于中度相关,此后两年的相关性属低度相关,相比于前两年有所降低。这说明两个项目的评估结果具有一定的相关性,但相关系数没有达到 0.8 以上,相关程度不够高,评估结果之间存在一定差异。

表 7.2　总体公共服务绩效的相关系数

	A14	A13	A12	A11	B14	B13	B12	B11
A14	1	0.079	0.020	0.340	0.389*	0.477*	0.210	0.144
A13	0.188	1	0.161	0.225	0.201	0.258	0.202	0.369*
A12	0.242	0.438*	1	0.664*	0.207	0.322	0.496*	0.442*
A11	0.390*	0.524*	0.750*	1	0.388*	0.490*	0.719*	0.604*
B14	0.337*	0.088	0.267	0.310	1	0.607*	0.580*	0.162
B13	0.344*	0.170	0.264	0.456*	0.505*	1	0.638*	0.415*
B12	0.206	0.363*	0.474*	0.692*	0.533*	0.459*	1	0.449*
B11	0.193	0.361*	0.468*	0.639*	0.115	0.360*	0.475*	1

注:A 和 B 分别表示 A 大学调查和 B 机构评估;14 表示 2014 年的数据,依次类推;各年份的样本量如下:$N_{11}=31, N_{12}=34, N_{13,14}=36$;上半部分为排名的斯皮尔曼顺序相关系数,下半部分为得分的皮尔逊简单相关系数;* 表示在 0.05 的水平上统计显著。

从纵向对比来看,A 大学的服务型政府调查 2011—2014 年相邻年份的相关系数分别为 $r_{1,2}=0.75(p<0.05)$,$r_{2,3}=0.438(p<0.05)$,

$r_{3,4}=0.188$。2011年和2012年的评估结果达到高度相关,2013年和2012年的为中度相关,2013年和2014年的相关性极低且统计不显著。这说明,A项目每年的评估结果与前一年的具有一定的相关性。但是随着评估的发展,这种相关性在减弱,直至2013年和2014年的评估结果没有显著相关关系,甚至部分城市可能存在反差。另外,A项目有$r_{1,2}(=0.75)>r_{1,3}(=0.524)>r_{1,4}(=0.39)(p<0.05)$。即评估间隔时间越长,评估结果的相关系数越小。这说明A大学的评估结果在不同年度具有较好的一致性和稳定性。

同样,B机构的基本公共服务评估项目的相邻年份评估结果的相关系数分别为$r_{1,2}=0.475,r_{2,3}=0.459,r_{3,4}=0.505(p<0.05)$,均属于中度相关。这说明B项目保持了较好的纵贯稳定性,相邻年份的评估结果相差不大。但由于相关关系没有达到0.8以上,说明评估的一致性有待提高。此外,B项目的$r_{1,2}(=0.475)>r_{1,3}(=0.36)>r_{1,4}(=0.115)$,说明随着时间间隔的拉长,B项目评估结果之间的相关系数在下降,2014年和2011年的评估结果已没有显著相关关系。

A、B两个项目的评估结果部分地支持了本章的第三个假设。评估结果显示:相隔越远的年份,评估结果的相关性越低;同一项目相近年份的评估结果也具有相关性,但没有达到高度相关。

为了进一步比较两个项目评估结果的相关性,我们绘制了2014年两个项目总体满意度的二维散点图和线性拟合曲线(如图7.1所示)。2014年两个项目可比较的城市为36个,包括4个直辖市、27个省会城市和5个计划单列市。结果显示,二者在部分城市的得分和排名上存在一些差异。其中,拉萨、乌鲁木齐、上海、沈阳等城市排名的差异极大。

2014年,拉萨在A项目中的排名为第11,而在B项目中却排名第1;乌鲁木齐在A项目中排名第11,在B项目中却是位居末尾;上海在A项目中为第25名,在B项目中却排名第3;沈阳在A项目中排名第33,在B项目中却排名第13。四个城市在两个项目中的排名结果平均相差约20名。

对其他三个年份的评估结果作图比较后,我们也发现了类似现象。

一些城市在一个排行榜上名列前茅,在另一个排行榜上却一落千丈。这说明两个项目在部分城市的公民调查结果上存在较大差异,评估的信度有待提高。福州、成都、宁波、武汉、昆明、呼和浩特等城市2014年在两个项目中的评估结果较为一致,排名相差不超过2个名次,其波动范围在95%的置信区间内是可以接受的。

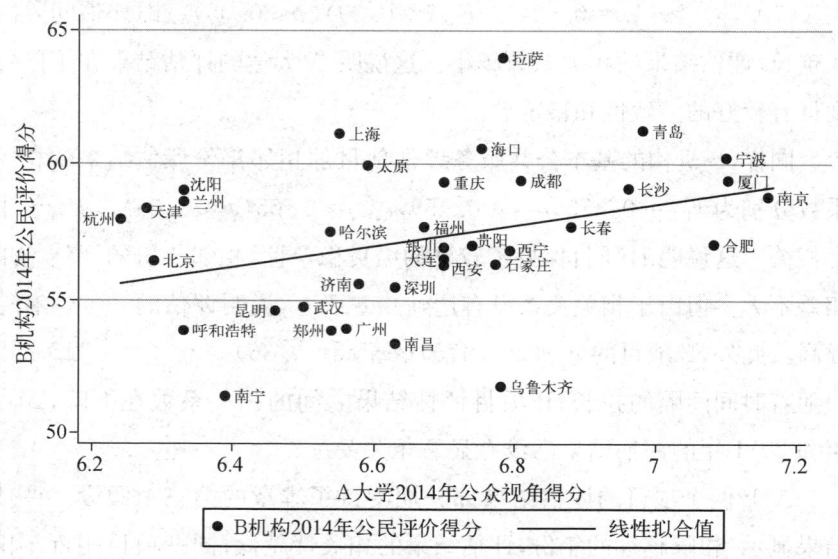

图7.1　2014年两个项目公共服务绩效评估得分的散点图与线性拟合图

二、各个公共服务领域的绩效评估

与总体公共服务满意度相比,各个公共服务领域的绩效评估更加细致和准确,据此比较的结论更为可靠。A大学的公民满意度评估包括公共教育、医疗卫生、房价物价、就业服务、社会保障、环境保护、公共安全、文体休闲、公共交通、公众参与、信息公开、政府效能和政府信任等13个评估指标;B机构的调查包括公共交通、公共安全、住房保障、基础教育、社会保障、基本医疗、城市环境、文化体育、公职服务等九个领域。为了进行比较,我们将A大学的就业服务与社会保障合并为新的社会保障指标,将公众参与、信息公开、政府效能和政府信任分别与B机构的公职服务进行比较,因此两个机构都有九个子领域可供比较。

表 7.3 展示了 2011—2014 年两个项目在各公共服务子领域的评估结果之间的相关系数。各领域的相关系数存在较大差异,其中相关系数最高的是城市环境(环境保护),在 2011 年甚至达到 0.892,说明两个项目对城市环境的评估具有高度的一致性。其次是公共交通和公共安全,大部分年份的相关系数为 0.3—0.6,且通过统计显著性检验。但是,与城市环境(环境保护)相比,公共交通和公共安全在评估结果的相关性上降低很多。其他领域评估结果的相关系数基本都低于 0.4,且大部分不显著,说明两个项目在这些领域的评估结果可能存在信度问题。值得注意的是,一些领域在部分年份的评估结果甚至出现负相关。例如,社保就业在 2013 年的相关系数分别为 -0.121 和 -0.245,说明在这些领域两个项目的评估结果不仅不一致,而且存在相反的排名趋势。

从纵向变化来看,两个项目的相关关系不存在一致性变化趋势。以城市环境(环境保护)为例,两个项目从 2011 到 2014 年的相关系数均在不断下降,从 2011 年的高度相关($r=0.892, \rho=0.837$),下降到 2014 年的中度相关($r=0.467, \rho=0.611$)。这说明两个项目在发展过程中没有趋向一致,反而有不断背离的趋势。但是在公共安全和公共交通领域,两个项目在四年中的相关系数变化不大,说明本章关于学习效应的假设 4 没有得到支持。

此外,为了进一步验证假设 3,我们对各领域四年的数据分别做了纵向的相关分析。由于篇幅限制,这里我们选取相关系数较为显著的城市环境(环境保护)和公共安全进行解释。其他子领域的评估结果在各年份之间的相关性系数多为不显著,无法判断变化趋势。

在城市环境(环境保护)领域,A 项目在 2011 年与 2012 年的评估结果达到高度相关($r_{1,2}=0.763, \rho_{1,2}=0.696, p<0.05$),2013 年与 2011 年的评估结果相关系数有所降低,为中度相关($r_{1,3}=0.502, \rho_{1,3}=0.45, p<0.05$),而 2014 年与 2011 年评估结果的相关系数相比于 2013 年略有升高,但仍属于中度相关($r_{1,4}=0.592, \rho_{1,4}=0.596, p<0.05$)。这说明,整体来看 A 项目在城市环境(环境保护)领域的评估结果在相邻年份

表 7.3 分领域公共服务绩效的相关系数

A 大学	B 机构	皮尔逊相关系数（r）					斯皮尔曼相关系数（ρ）				
		2011—2014 年	2014 年	2013 年	2012 年	2011 年	2011—2014 年	2014 年	2013 年	2012 年	2011 年
公共教育	基础教育	0.176	0.22	−0.279	0.359*	0.096	0.244	0.199	−0.093	0.262	0.025
医疗卫生	医疗卫生	0.071	0.118	−0.041	0.185	0.013	0.274	0.162	0.098	0.223	0.356*
房价物价	公共住房	0.476*	0.282	0.261	0.103	0.307	0.365*	0.184	0.143	0.018	0.364*
社保就业	社保就业	−0.0459	0.163	−0.121	0.4*	0.335	0.365*	0.219	−0.245	0.366*	0.31
环境保护	城市环境	0.776*	0.467*	0.56*	0.752*	0.892*	0.715*	0.611*	0.289	0.753*	0.837*
公共安全	公共安全	0.435*	0.44	0.186	0.588*	0.558*	0.600*	0.427*	0.237	0.633*	0.591*
文体休闲	文化体育	0.230	−0.086	0.192	0.363*	0.218	0.335*	−0.08	0.139	0.404*	0.256
公共交通	公共交通	0.548*	0.374*	0.3	0.591*	0.381*	0.723*	0.508*	0.35*	0.545*	0.325
公众参与		0.252	−0.095	0.436*	0.223	0.291	0.329	−0.034	0.443*	0.275	0.206
信息公开	公职服务	0.357*	0.147	0.379*	0.327	0.116	0.399*	0.235	0.365*	0.404*	0.050
政府效能		0.351*	−0.004	0.259	0.387*	0.453*	0.496*	0.011	0.29	0.459*	0.291
政府信任		0.217	0.062	0.299	−0.081	0.012	0.234	0.199	0.259	−0.219	0.007

注：* 表示在 0.05 的水平上统计显著。

的相关性,要比其他年份之间的相关性高,但相关程度高低与时间间隔长短的相关关系还不够明显。B 项目的这种趋势较为明显,各年份评估结果的相关系数分别为:$r_{1,2}(=0.771)>r_{1,3}(=0.676)>r_{1,4}(=0.451)$($p<0.05$),$\rho_{1,2}(=0.74)>\rho_{1,3}(=0.669)>\rho_{1,4}(=0.469)$($p<0.05$)。随着相隔年份的拉长,评估结果的相关程度有所降低。但整体上来看,各个年份之间都存在显著的相关关系。

在公共安全领域,A 项目 2011 年与 2012 年的评估结果存在较高的相关关系($r_{1,2}=0.819$,$\rho_{1,2}=0.836$,$p<0.05$),说明两个年份的评估结果具有很高的一致性,公共安全因素在此期间变化不大。2013 年与 2011 年的评估结果相关系数有所降低,为中度相关($r_{1,3}=0.477$,$\rho_{1,3}=0.471$,$p<0.05$),而 2014 年与 2011 年评估结果的相关系数相比于 2013 年略有升高,但仍属于中度相关($r_{1,4}=0.561$,$\rho_{1,4}=0.514$,$p<0.05$),和城市环境表现出了一致的特征。B 项目在此领域只有 2011 年与 2012 年的评估结果达到高度相关($r_{1,2}=0.613$,$\rho_{1,2}=0.662$,$p<0.05$),2011 年与 2013 年、2014 年两个年份的相关系数则不显著,说明公共安全评估在 2013 年出现了较大变化。

通过分领域的评估,我们发现在一些项目的部分领域,假设 3 得到了很好的验证,即相邻年份比其他年份之间的评估结果更具相关性。与此同时,这些领域也具有较好的一致性和纵贯稳定性。但在另一些领域,比如基础教育、医疗卫生、社保就业,不同年份之间的评估结果则不具有相关性,说明这些领域评估结果的纵贯稳定性还有待提高。

第五节 讨论与结论

一、核心发现和主要结论

本章在文献梳理的基础上,提出了第三方评估的四个假设。通过对两个公共服务绩效评估项目的比较分析,四个假设得到了部分验证。

首先，分析发现两个项目的评估结果具有一定的相关性。不管是总体满意度比较，还是分领域的比较，分析结果都证实了项目之间的相关性。但是这种相关程度不够高，大多数领域的相关关系属于中度甚至低度相关，部分领域出现不相关或负相关情况。两个项目调查的城市和时间相同，但是产生的结果却不同，这是值得深思的问题。

究其原因，一方面是因为两个项目的抽样方法存在一定差别。A项目在2011年之后采取电话随机访问方式获取调查数据，B项目则是通过面对面问卷调查进行。相比之下，A项目在提高样本代表性、降低成本和大范围覆盖等方面具有明显优势。B项目在采用面对面问卷调查的同时，还结合其他方法（如电话访问），这种多渠道收集信息的方式可能使不同来源的信息在可比性方面大打折扣，也会影响调查回复率和样本代表性。

另一方面，两个项目的加权方式也存在一定差异。A项目是通过主成分分析对各个指标进行加权汇总。B项目则是通过问卷调查获取各一级指标的公众关注度去分配权重，关注度越高，权重则越高，因此评估结果受民众偏好的影响很大。因此，即使两个项目调查的数据相近，加权之后得出的评估结果也存在一定差异。

其次，本章的假设2得到了很好的支持。通过对两个项目分领域的比较，我们发现各个子领域的相关关系不尽相同。在城市环境、公共安全、公共交通等领域，两个项目的评估结果具有较高的相关程度，评估结果较为一致。但是在另一些子领域，如基础教育、医疗卫生、公职服务等，两个项目的评估结果之间却没有明显的相关关系。

这印证了本章假设2的猜想，即在竞争性和排他性都较低的公共服务领域，由于所有人享受的公共服务的内容和质量基本一样，大部分市民对此领域的感知结果也类似，因此抽样方法对评估结果影响很小。在竞争性和排他性都较高的领域，公共服务具有一定的门槛，不同收入、阶层和年龄段的人的感知差异较大。如果样本不能很好地代表总体，会引起较大的评估误差。本章的分析结果说明，两个项目中至少有一个项目在样本代表性方面存在问题。此外,也可能是因为两个项目在这些领域的调查指标差异较大。比如,两个项目对公职服务的测评使用了不同的问卷题项。

通过跨时间的信度比较,本章的假设 3 和假设 4 也得到了部分支持。A 项目相邻年份的评估结果具有一定的相关关系,尤其是总体满意度在 2011 年和 2012 年达到高度相关。但是 2012 年与 2013 年、2013 年与 2014 年的相关关系,则不如前两年显著。受抽样方法的影响,部分子领域在相邻年份的相关性也表现欠佳。这可能是因为 A 项目每年的城市样本数都在发生变化。在总体样本量较小的情况下,样本量变化可能会影响年份之间的相关关系。

B 项目在总体满意度和城市环境领域的评估结果的纵贯一致性表现较好,相邻年份的评估结果都达到中度或高度的显著相关。这可能是因为 B 项目在四年的评估中指标体系、调查方法及样本城市的变化都较小,致使抽样误差对评估结果的影响有所降低。但与 A 项目相似的是,B 项目在部分子领域的相邻年份评估结果的一致性上表现欠佳。

此外,随着时间间隔的拉长,两个项目总体满意度的评估结果之间的相关程度都在降低,这印证了本章提出的假设 3。由于公共服务的供给具有稳定性,相隔年份越远,公共服务提供的变化越大,评估结果的相关性越低。但在其他各个子领域,这种变化趋势则不明显。原因可能是本章分析的年份跨度较短,难以精确判断纵向变化的规律。

本章的假设 4 认为,外部评估存在"学习效应",两个项目在相互学习和调适,因此评估结果会逐渐趋向一致。但是通过对总体满意度和城市环境子领域的分析发现,两个项目的相关系数随着年份的推进反而有下降趋势,也就是说两个项目的评估结果逐渐背离,没有产生"学习效应"。出现这种现象的原因可能是两个项目还没有建立沟通学习机制,相反可能是建立了一种竞争关系。两个项目会使自己的评估结果有别于其他评估机构,以在"政府绩效信息市场"上吸引决策者的有限注意力。

四个假设没有得到完全支持的原因,也可能是两个项目的测量本身就存在效度问题。两项评估以公众满意度为主要评估指标,关注公众对公共服务质量的主观感知,在反映公共服务绩效方面是不完整的。一是由于信息不对称和受主观情绪影响,公众不一定能准确感知公共服务的实际质量,主观评估和公共服务的客观测量结果并不一定吻合。因此,不同样本和时间的测量结果可能存在差异。二是公民的性别、民族、收入等因素也可能会影响主观评估结果,[1]而绩效评估不仅仅反映服务性因素对评估结果的影响。这些测量指标在效度方面存在的问题,会直接影响到测量结果的稳定性和可靠性。

二、政策建议

政府绩效评估的目的之一,是通过加强政府外部责任来提升政府的绩效。因此,第三方评估只有用于被评政府的管理和决策时才具有实践意义。对于被评政府来说,面对眼花缭乱的第三方评估结果,应该如何进行选择呢？根据本章的研究,对于环境、安全、交通等竞争性和排他性低的领域,两个项目的评估结果较为一致,被评城市可以采用其中一个项目的排名作为决策的参考。对于卫生、教育、就业等竞争性和排他性较高的领域,不同项目的评估结果可能差异较大,被评城市在使用评估结果时应当进行多方比较,对评估结果的有效性和可靠性等进行检验。

这就涉及第三方评估的"元评估"问题,即对评估本身进行再评估。于文轩和马亮建构了一个第三方评估的分析框架,认为可以从独立性、相关性、效度、信度、易懂性、功能性等六个方面对第三方评估进行评估,并且进一步对中国的 11 个第三方评估项目进行了排名。被评城市在选择第三方评估结果时,可以依据此标准对第三方评估进行检验,或者详细分析第三方评估的指标和权重,选择适合本城市的评估体系。

---

[1] Mausolff C., "Learning from feedback in performance measurement systems", *Public Performance & Management Review*, 2004, 28 (1): 9-29.

相对于政府内部绩效评估,第三方评估具有一定的制度和技术优势,是政府强化外部责任的重要手段。但是,由于第三方评估在中国的发展还面临一系列问题,第三方组织的自律也有待加强,地方政府在进行决策时,不能过于倚重任何一个第三方评估的结果,而要结合多种绩效信息来源,尽可能降低某一种极端绩效信息的干扰或误导,并引导绩效管理的持续改善。

对于第三方评估机构来说,需要加强各机构之间的沟通和对话,建立机构间的学习与合作机制,"取长补短"并及时调整评估方案中不合理的部分。比如,A项目由于实施困难,历年的城市样本数变化较大,对比较的信度产生了影响。B项目的抽样方法不够科学,致使样本的代表性较差。B项目采取公众关注度对一级指标赋权,会使评估结果的有效性降低。此外,第三方评估机构需要从自身评估的历史经验中吸取教训,对每年的评估结果进行效度和信度检验,在发布评估结果时说明评估结果的使用限制和研究不足等,供绩效信息的使用者参考。为了获取决策者和民众的信任,第三方评估机构应将项目的运作情况、抽样方法、调查过程和原始数据等向社会公开,以便学术界、政府和公众对评估结果进行重复和验证。

三、研究不足和未来研究展望

首先,虽然相对于单个年份的比较,本章的研究增加了跨时间的变化和比较,但四年的时间跨度仍然较小,不能考察两个项目评估结果的相关性随时间的变化规律,致使本章的部分假设没有得到支持。从项目启动至今,两个项目都进行了五年以上的评估。随着两个项目的推进,将来可以进行时间跨度更大的比较,以便较清楚地理解两个项目各自及相互之间的学习过程。

其次,本章比较的两个项目都只关注大城市的公共服务绩效评估,而没有包括数量众多的中小城市,不能代表中国城市公共服务的供给水平和排名情况。由于样本选取的局限性,两个项目可供比较的城市样本都较少,最多的年份也只有 36 个,这可能使本章的分析结果存在误差。此外,受制于第三方评估的范围,本章难以将研究拓展到各城市不同层级的政府。两项评估只关注大城市的整体公共服务绩效,但对城市内部不同区域和层级的公共服务绩效没有进一步比较和探讨。一般来说,区县和乡镇政府承担着公共服务的直接供给职能,对它们进行评估更有利于我们了解公共服务绩效,也有利于基层政府根据评估结果有针对性地改善工作。因此,未来可以关注中小城市和基层政府的第三方评估,对其信度和效度等进行检验。

最后,第三方评估的独特价值在于独立性、权威性和专业性,而这些都需要信息的公开透明进行支持。受制于信息的可获得性,本章只对两个项目公开的评估结果进行了信度检验,而未检验数据搜集和处理过程中的科学性。与此同时,在这两个项目中,哪个项目得到了更多的媒体关注和实践应用?第三方评估的信度和效度是否同其可用性或效用性有很大关联?这些都还有待于深入研究。而进一步论证需要获得更多的原始资料,以便对其进行统计分析和交叉检验。因此,进一步提升第三方评估的信息公开和透明度,推动更多的学术机构参与第三方评估,也是未来该领域发展的重要取向。

第八章 第三方评估的多案例比较研究

第一节 研究问题

前文总结了政府绩效评估的六类行动者,包括政府、公众、媒体、学术机构、非营利组织、私营企业等。这些行动者在独立性、信息可及性、专业水准、影响力和问责性等五个方面都存在不同程度的差异,使他们扮演的角色殊异。第三方评估可以多种形式呈现,而上述行动者的不同组合,则使第三方评估表现出不同的特征。有鉴于第三方评估的复杂性,我们认为只要是政府缺位的外部评估,都应归于第三方评估的范畴。

本章基于本书开发的评估框架和标准,对 11 种第三方政府绩效评估进行再评估。结果显示,它们在相关性、独立性和易懂性等方面表现较佳,但在效度、功能性和信度等维度上有待提升。由此可见,第三方评估需要进一步提升其独立性、可重复性和公信力,从而扩大对社会和政府的正面影响。

本章包含三个部分。第一部分(第二、第三节)介绍本章的研究方法。第二部分(第四节)是本章的主要结果,介绍了对中国当前政府绩效外部评估项目的质量分析结果。在第三部分(第五节),结合研究发现,总结了中国政府绩效外部评估面临的挑战和机遇，并提出研究不足和未来研究方向。

第二节 案例选取

在文献回顾、报纸档案查阅、网上检索及专家访谈的基础上，我们依据以下四个标准选取了中国 11 个政府绩效外部评估项目进行分析。

首先，选取由国内非政府组织进行的政府绩效外部评估项目，因此排除了国际组织，以及外国的媒体、非营利组织和咨询公司进行的政府绩效评估。

其次，选取那些能够提供不同政府机构或辖区排名的评估。

再次，重点关注与公共服务供给相关的排名，从中提取学者普遍关注的公共管理问题，而不是针对供水、能源和社会福利等具体公共政策领域的评估。

最后，为了保证能获取足够的信息进行分析，只选取那些公开发表评估报告、书籍或者文章的外部评估项目。

我们认为这 11 个项目较好地代表了中国政府绩效外部评估的现状（我们对 11 个项目的组织机构进行了匿名处理，简介见表 8.1）。

表 8.1 中国的政府绩效外部评估项目

组织	项目	实施时间	实施频率	政策领域	分析单元
智库 A	政府网站绩效评估	2002 年至今	一年一次	电子政务	乡镇以上政府机构
学术机构 A	省级公共服务评价	2000—2004 年	一年一次	公共服务效率	省政府
学术机构 B	中国城市基本公共服务力评价	2010 年至今	一年两次	公共服务满意度	直辖市、副省级城市和省会城市
私人咨询公司 A	公共服务指数	2006—2010 年	一年一次	公共服务满意度	地级市

续表

组织	项目	实施时间	实施频率	政策领域	分析单元
学术机构C	A省和地级政府绩效评价	2004—2006年	一年一次	公共服务效果	省政府机构和地级市
学术机构D	服务型政府指数调查	2010年至今	一年一次	服务型政府	直辖市、副省级城市和省会城市
媒体A	中国城市幸福感调查	2007年至今	一年一次	公众幸福感	地级市和县级市
学术机构E	中国行政透明度观察	2009年至今	一年一次	政府透明度	中央和省级政府机构
学术机构F	中国省级行政机关财政透明度调查	2009年至今	一年一次	政府透明度	中央和省级政府机构
学术机构H	B省政府绩效评估	2007年至今	一年一次	政府绩效	地级市和县级市
媒体B	中国公共服务小康指数	2005年至今	一年一次	公共服务满意度	地级市

第三节 研究方法

胡德（Hood）等提出三种评价方式：一是采用德尔菲法邀请国际学者进行评价；二是采用一套包含主观和客观指标的量表进行评价；三是开发一个客观的编码方案进行内容分析。本研究采用最后一种评价方法，因为我们认为基于特定属性计数的客观内容分析法可以减少主观偏见，从而提高评价的有效性。

那么，如何对第三方评估进行评估？综合已有文献，我们提出了一个评估框架，包括六个维度：独立性、相关性、效度、信度、易懂性、功能性。每个维度又设置具体的评估指标，各维度的得分为0分到1分。

独立性指评估机构在人事和财务上是否独立于政府部门,从而不受其干扰或影响。

相关性指评估主题是否关切国家的重大问题和政府的政策着力点。

效度指评估项目是否有充分的理论基础,是否涵盖了评估主题的主要方面,抽样是否具有代表性,是否使用了合适的统计技术,以及是否论证了指标赋权和数据加总方法。

信度指评估项目是否跨年比较,是否披露了所有评估结果,是否公布了原始数据。

易懂性指评估项目是否使用图表、摘要、手册、简报等,以使其易于理解。

功能性指评估项目是否获得了媒体披露、社会关注和政府采用。

依据以上的评价框架,加上对内容分析相关文献的梳理,本章开发了编码方案,据此进行内容分析。

首先,由两位作者分别独立审查相关的研究报告、媒体报道、互联网搜索结果、政府文件和高级政府官员演讲等定性材料,以检查评估项目是否具备某些特定属性。例如,为了检查项目的效度,两位作者分别独立阅读了研究报告,看项目是否对相关研究和实践进行了综述,以及项目是否基于文献综述去解释并论证了指标设计和选取。如果具备某个属性,我们将其编码为 1,否则为 0。

为了衡量项目的公众关注度,我们在中国知网的重要报纸全文数据库中以项目标题和评估者为关键词,检索了每个项目出现的频次。在检查了 11 个项目 20 个属性的存在情况之后,两位作者比较了它们的编码结果,并计算编码员间的一致性比率来检查编码员间信度(intercoder reliability,ICR)。[①] 表 8.3 报告了每个属性上的编码员间的一致性比

[①] Bowen W. M., Bowen C.-C., "Content analysis", in Miller G., Yang K., eds., *Handbook of Research Methods in Public Administration*, New York: Taylor & Francis, 2008: 689 - 704.

率,表明编码具有较高的信度。① 总的编码一致性比率为 0.82,即两个编码员的编码结果平均而言有 82% 是相同的。

在第一轮编码之后,两位作者(编码员)重新检查了两种编码结果的一致性和差异性,以确认他们是否遗漏了一些重要的信息。表 8.3 显示了最终的编码结果,包括编码一致率和每个评估子维度的平均分数。此外,我们还采访了一些评估人员、政府官员和专家学者,以获得更多有关中国政府绩效外部评估的信息,以及它所面临的机遇和挑战。

第四节 结果和讨论

表 8.2 展示了本章研究对 11 个政府绩效外部评估项目的最终排名。

从表 8.2 可以看出,11 个项目的平均得分为 4.90 分(满分为 6 分),项目之间存在显著差异。媒体 E、学术机构 C、媒体 A 分别以 4.60 分、4.10 分和 3.60 分的得分位居最后三名。学术机构 H 的 B 省政府绩效评估项目和学术机构 A 的省级公共服务评价项目分别以 5.75 分和 5.65 分的得分位居榜首,紧接着是学术机构 D 的服务型政府指数调查,得分为 5.50 分。除学术机构 C 外,学术机构进行的评估表现都要优于媒体、智库和私人咨询公司。这里必须指出的是,学术机构 C 的政府绩效评估项目表现不佳,可能主要是因为其项目直接由政府资助以及我们所获得的研究材料不够丰富。

表 8.2 中国政府绩效外部评估项目评价得分

项目	独立性	相关性	效度	信度	易懂性	功能性	总分
学术机构 H	1.00	1.00	1.00	0.75	1.00	1.00	5.75
学术机构 A	1.00	1.00	0.90	0.75	1.00	1.00	5.65

---

① Krippendorff K., *Content Analysis: An Introduction to its Methodology*, Thousand Oaks, C. A.: Sage, 2004.

续表

项目	独立性	相关性	效度	信度	易懂性	功能性	总分
学术机构 D	1.00	1.00	1.00	0.50	1.00	1.00	5.50
学术机构 E	1.00	1.00	0.80	0.75	1.00	0.50	5.05
学术机构 F	1.00	1.00	0.80	0.75	1.00	0.50	5.05
学术机构 B	1.00	1.00	1.00	0.50	0.50	1.00	5.00
智库 A	1.00	1.00	0.60	0.25	1.00	1.00	4.85
私人咨询 A	1.00	1.00	0.70	1.00	1.00	0.00	4.70
媒体 B	1.00	1.00	0.60	0.50	1.00	0.50	4.60
学术机构 C	0.50	1.00	0.60	0.50	1.00	0.50	4.10
媒体 A	1.00	1.00	0.10	0.00	0.50	1.00	3.60
平均得分	0.95	1.00	0.74	0.59	0.91	0.64	4.90

在独立性方面,11个项目的平均得分为0.95分(满分为1.00分),表明中国的政府绩效外部评估主体具有相当高的独立性。除了A省政府绩效评价项目是得到政府财政支持的外,其他10个项目在人事管理和财务管理方面都独立于评估对象。受内容分析方法的客观限制,本章研究没能找出这11个评价机构在独立性方面的具体差异,而且也没有证据表明政府机构通过施加不适当的压力影响了评估的独立性。因此,在未来的研究中,评估主体在多大程度上以及在哪些方面独立于评估对象,仍然值得进一步去探索。

中国的学术机构一般被认为比大众媒体、私人咨询公司和民间智库更加独立。2005年的一项全国公民社会信任度调查显示,有61%的受访者信任学术机构,不到一半的受访者(48%)信任大众媒体,只有35%的受访者信任政府公职人员。大多数受访者认为,学术机构获得高信任度的原因,是它们具有更为专业的知识、相对独立的地位以及传统文化影响下的高道德水准。在中国,虽然近年来大众媒体得益于市场化而享有更多的自由,但它们在很大程度上仍然受到政府的控制,被认为是政府的"喉舌"。因此,在评估政府绩效时,其独立性和可信性是值得质疑的。

在相关性方面,11个项目的评估内容都是政府和公众极其关切的政策领域,如公共服务供给、服务型政府建设、政府行政和财政透明度、政府管理能力以及电子政务等。在过去的30年里,中国通过GDP导向的发展政策实现了惊人的经济增长,却忽视了公共住房、教育、医疗和环境保护等基本公共服务的供给,从而出现了各种政治、社会和经济问题,并对党和政府的治理能力与政治合法性构成了严重挑战。随着社会主义市场经济的发展,中国政府正在经历从经济增长驱动型政府向服务型政府的转变。因此,非政府组织发起和实施了各种评估项目,旨在推动政府提高行政效率,优化公共服务供给,提高管理水平和财政透明度。

在效度方面,11个项目的平均效度得分为0.74分(满分为1分),各项目间存在相当大的差异。从表8.3可以看出,有3个项目的概念框架缺乏相应的理论支持,4个项目没有论证其评估方案,2个项目完全没有理论支撑。此外,学术机构开展的项目往往具备理论和相关文献的支持,并试图去证明其评估方案的设计和测量是科学的。从表8.3还可以看出,总体效度的差异主要是由统计方法和加权方法两个维度的差异导致的。这两个子维度也是中国政府绩效外部评估在整体有效性方面最弱的两个领域。11个项目中只有3个(27%)项目采用了高级统计方法,有7个(64%)项目没有证据表明其使用了加权方法。

表8.3 中国政府绩效外部评估项目编码结果

评价维度	子维度	指标	智库A	学术机构A	学术机构B	私人咨询公司A	学术机构C	学术机构D	媒体A	学术机构E	学术机构F	学术机构H	媒体B	ICR	均值
独立性	人事独立性		1	1	1	1	1	1	1	1	1	1	1	0.91	1.00
	财务独立性		1	1	1	1	0	1	1	1	1	1	1	1.00	0.91
相关性	实践意义		1	1	1	1	1	1	1	1	1	1	1	1.00	1.00

续表

评价维度	子维度	指标	智库A	学术机构A	学术机构B	私人咨询公司A	学术机构C	学术机构D	媒体A	学术机构E	学术机构F	学术机构H	媒体B	ICR	均值
效度	理论支持	概念支持	0	1	1	1	1	1	0	1	1	1	0	0.82	0.73
		指标论证	1	1	1	0	0	1	0	1	1	1	0	0.82	0.64
	全面性		1	1	1	1	1	1	1	1	1	1	1	0.91	0.91
	代表性	抽样方法	1	1	1	1	1	1	1	1	1	1	1	0.91	1.00
		抽样论证	0	1	1	1	0	1	0	1	1	1	1	0.46	0.73
	统计方法	描述性统计	1	1	1	1	1	1	0	1	1	1	1	0.91	0.91
		高级统计方法	0	1	0	0	0	1	0	0	0	1	0	0.73	0.27
	加权	加权方法	1	1	1	1	1	1	0	1	1	1	1	0.82	0.91
		加权论证	0	1	1	0	0	1	0	0	0	1	0	0.55	0.36
信度	可比性		0	1	1	1	1	1	0	1	1	1	1	0.73	0.82
	透明度	公布所有结果	1	1	1	1	0	0	0	1	1	1	0	0.73	0.64
		公开原始数据	0	1	0	1	0	0	0	0	0	0	0	1.00	0.18
易懂性	容易理解		1	1	1	1	1	1	0	1	1	1	1	0.91	0.91
	执行总结		1	1	1	1	1	1	1	1	1	1	1	0.81	1.00
功能性	公众关注		1	0	1	0	0	1	1	0	0	1	0	0.91	0.45
	政府使用		1	0	1	0	1	1	1	1	1	1	1	0.64	0.82

注：ICR 是指编码员间信度（编码一致率）。

在信度方面,从表8.3可以看出,信度的缺失可能是中国政府绩效外部评估存在的最严重问题。通过审查11个项目的报告和相关文件,我们发现11个项目中有4个(36%)没有公布其全部排名和评估结果,而是选择性报告了排名和结果。此外,除了公开出售其评估原始数据的私人咨询公司A,以及利用公开可用的数据进行评估的"省级公共服务评估"项目外,大多数项目没有发布其原始数据以便公众进行重复和验证。

在易懂性方面,大多数项目都利用了图表来展示其调查结果,还提供公共媒体报告或执行摘要,以促进公众沟通和理解。

绩效信息的使用是绩效管理的关键一环,因此,从功能性角度讲,评估结果能在多大程度上引起政府和公众注意,以及在多大程度上影响微观层面的个人决策和宏观层面的政府政策变化,就决定了政府绩效外部评估的价值和可持续性。本章的研究从公众关注和政府使用两个方面来衡量评估项目的功能性。考虑到大众媒体在塑造公众观点和影响政策议程中的重要作用,公众关注可以用媒体的报道次数进行衡量。政府对评估信息的使用,则可以通过该项目在政府工作报告或政府官员公开演讲中被提到的次数来衡量。

我们在中国知网(CNKI)的中国重要报纸数据库中检索发现,这11个项目获得相当高的媒体关注——平均每个项目有51篇报道,实际报道数从2个到152个不等,差异较大。报道次数的中位数是32次。通过对网络搜索结果、政府工作报告和官员演讲的文本分析发现,11个项目中有9个(81%)的评估结果受到了政府关注。学术机构D、学术机构E、学术机构H、学术机构F和媒体A关于服务型政府、行政透明度、地方政府绩效和幸福指数的绩效排名,在相关政府部门的工作报告及市长或高级官员的公开演讲中被多次提及。

我们的访谈结果也表明,这些排名对政府及其官员造成了一定的压力。然而有趣的是,我们发现东北的一个地方政府,因其在学术机构E的行政透明度评估中的得分较低,敦促其公职人员提高行政透明度;除此以外,其他政府主要拿这些评估结果来彰显其政绩并提高其形象和声誉。

第五节 结论

在本章中,我们论述了中国政府绩效外部评估的发展现状,并评估了代表性外部评估项目的绩效。我们发现,学术机构在中国政府绩效外部评估中充当了主要的评估主体,大多数政府绩效外部评估项目都是由其发起和实施的。整体来看,中国的政府绩效外部评估项目在独立性、相关性、效度、易懂性和功能性等方面表现相当不错。它们具有相对的独立地位,评估内容针对的是具有实际意义的问题,项目的效度得到了一定程度的保证,并且确保其排名和结果容易被公众理解。它们还利用大众媒体吸引公众和政府的关注,并在中国已经产生了一定的实际影响。

虽然政府绩效外部评估项目在中国处于蓬勃发展态势,并且在补充现有的内部目标责任制,在提高政府透明度和外部问责方面发挥着积极作用。但是本章的研究发现,它们还面临着各种各样的问题和挑战,其中最主要的问题是其独立性和信度。

基于上述评估标准,我们遴选和比较了中国的 11 种第三方政府绩效评估项目。从各个维度来看,平均得分从高到低依次是相关性(1.00)、独立性(0.95)、易懂性(0.91)、效度(0.74)、功能性(0.64)和信度(0.59)。由此可见,平均得分最低的是功能性和信度。换句话说,第三方评估的结果是否可信,以及能否得到关注和采用,是最为突出的问题。

从我们分析的第三方评估项目而言,排名第一的是学术机构 H 的市县两级政府的整体绩效评价。它的总分为 5.75 分,仅在信度上得分为 0.75 分,其他维度均为满分。第二是学术机构 A 发布的中国公共服务报告,总分为 5.65 分,它在信度和效度上有待提升。第三是学术机构 D 发布的中国城市服务型政府指数,总分为 5.50 分,它在信度上需要大幅提升。排名靠后的第三方评估表现珞逊,在许多方面都值得改进。

总体来看,11 个第三方评估项目的平均分为 4.90 分,换算为百分制为 81.67 分,表现差强人意。特别是第三方评估的信度,还需要大力提升。一些评估项目只披露排名靠前的政府,对数据来源和计算方法语焉不详,也没有公开评估所依据的原始数据,使评估结果的可信程度大打折扣。综上,第三方评估需要在以下方面作出改进。

首先,对政府绩效外部评估项目来说,最大的挑战是如何保持其独立地位。虽然尚没有证据表明这 11 个项目的排名和评估被操纵过,但这些评估主体是否受到政府的影响,以及在多大程度上受到影响,仍然值得我们进一步反思。中国的学术机构特别是大学和研究机构,都是由教育部或其他相关中央政府部门或地方政府资助和管理的。因此,在一个缺乏强有力的监督和制衡的单一制政体中,学术机构在多大程度上可以保持其独立性是值得怀疑的。随着对外部评估和排名日益增加的宣传及政府的关注,一些评价者承认越来越多的政府官员在与他们联系,试图以各种方式影响排名结果。一些政府绩效外部评估的学术机构和倡导者指出,由于缺乏制度支持,外部评估主体需要自觉地进行自律,保持较高的道德标准。耐人寻味的是,这恰恰在某种程度上反映了外部评估主体在进行评估和排名时所面临的外部压力及影响。

尽管独立性的得分不低,但第三方评估机构能否真正做到独立、自主和无偏也同样令人关注。无论是学术机构还是新闻媒体,都同政府部门有着千丝万缕的勾连,"体制内"的约束仍然无法回避。我们对连氏中国城市服务型政府指数的案例研究也显示,即便是海外机构发起的第三方评估,也仍然无法做到完全独立自主。与此同时,如何理解和衡量独立性,还需要进一步研究。

其次,中国的政府绩效外部评估需要进一步提高其信度。对政府绩效外部评估的可持续性发展而言,信度低是致命性的。到目前为止,很少有政府绩效外部评估项目公布其原始数据,以便公众进行验证和重复。导致这一现象的原因可能有两个:一方面,评估者可能对自己研究的质量没有信心。我们的调查发现,大多数政府绩效外部评估项目对其抽样方法、样本代表性、统计工具和加权方法的描述都不够明确。另一方面,他们可能不想让政府机构和官员因为其表现不佳的排名而感到尴尬。最糟糕的情况是,评估可能受到了外部压力的影响,导致评估者篡改数据或发布错误的排名,但目前我们还没有证据去支持这一推论。

虽然第三方评估可以相对独立自主地去"说真话",但并不意味着其评估结果就可以令人信服。我们调查的一些第三方评估并没有披露其数据来源和计算方法,这样就无法重复其评估过程和结果,并可能影响其公信力。以两个较为流行的中国城市公共服务满意度调查为例,我们发现二者在许多公共服务领域的评估结果差异较大。这同两者使用的调查方法和加权技术有关,但由于无法获得原始数据,外部很难理解其真正原因。

政府绩效外部评估在独立性和信度上面临的潜在挑战,已经开始威胁到了评估的效度。在我们的访谈中,政府官员抱怨说越来越多的政府绩效外部评估项目在涌现,但却经常产生相互矛盾的评估结果,因此他们已经开始对这些评估失去兴趣了。还有消息称,一些学术机构和学者违反了专业规范和行为准则,向社会提供有偏向甚至被篡改过的评估报告。为了应对这些挑战,公共管理学者需要采用更成熟的研究设计和更高级的统计工具,进一步提高评估的效度和信度。最为重要的是,要通过公开数据供公众监督和审查,并增加评估的透明度。

虽然政府绩效外部评估受到了高度关注,并且在提高行政效率、强化政治问责、推进政治改革和促进中国治理模式转变等方面有巨大潜力,但是我们仍然不清楚它们在多大程度上影响了政府的政策制定和实施。正如我们的研究结果所显示的那样,政府可能只是选择性地使用政府绩效外部评估项目来彰显其政绩,或者是为了提高其声誉和形象,而不是真正用来改善其管理。此外,政府绩效外部评估仅仅是当前目标责任制的一个补充。建立有效的政府绩效管理体系以实现其内部和外部责任,则需要中国进行更为系统和根本的政治改革。

国务院和各级政府部门曾花费大量精力去清理整顿各类评比达标表彰活动,以使政府部门摆脱不必要的和恼人的评选活动。备受推崇的第三方评估是否会重蹈覆辙,而成为政府清理的对象,则仍然有待观察。但是,如果不能进一步提升第三方评估的信度、功能性和效度,就可能使评估走样、变形或"束之高阁",甚至产生适得其反的负面影响。

因为本章只是对政府绩效外部评估的探索性研究,因此可能存在以下几方面的不足。首先,尽管本章基于客观编码方案的内容分析具有一定的客观性,但它可能无法捕捉不同项目之间的细微差异。例如,如果有两个项目都在报告中论证了它们所使用的评价指标,但当前的编码方法并不能区分哪个方案是正确且充分的。其次,虽然本章采用客观指标和多人评分法,试图把评价的主观性降到最低,但最好是有更多的编码人员参与并开发出更加复杂的评价指标。因此,在未来研究中,我们会邀请更多学者参与开发和完善编码方案。当然,还有一些与中国政府绩效外部评估相关的重要问题值得我们进一步探索,比如研究不同类型的评估主体与不同层级或地区的政府之间存在的互动关系。

第九章　作为第三方评估的城市排行榜

第一节　引言:进入"榜时代"的中国城市

作为一种社会现象,城市排行榜的兴起与繁盛日益引起社会各界和学者们的广泛关注。我们常常会看到,类似《福布斯》(Forbes)这样的商业杂志会发布城市排行榜,围绕城市的营商环境、旅游、企业创新等方面进行排名。① 还有许多机构开展了"幸福城市"评选,烦琐复杂的评选程序和方法既让人眼花缭乱,又让人捉摸不透和难以准确定位各个城市。②

我们也经常可以在城市景观和新闻报道中看到许多城市政府在开展"四城联创"(如西安、运城等)、"六城联创"(如温州、丽水等)的宣传推广活动,举办"动员大会""誓师大会"等励志活动,激发干部群众投身争创城市排行榜的热情。例如,温州市在2011年启动了"以全国文明城市创建为龙头,联动推进国家园林城市、国家森林城市、国家卫生城市、国

---

① 《福布斯》杂志中文版在其网站专门设立了城市排行榜的专栏,发布各种城市排行榜,参见http://www.forbeschina.com/list/cities/。
② 有关城市幸福感的排名较多,如《瞭望东方周刊》的"中国最具幸福感城市评选"、中国公共经济研究会的"中国幸福城市评价体系"、中国城市竞争力研究会的"中国城市幸福感排行榜"等。

家环保模范城市和国家历史文化名城创建的'六城联创'活动"。

城市政府对城市排行榜热情高涨,投入大量人力、物力、财力和精力进行"创卫""创文明"等"创城"活动。① 当然,还有一些城市排行榜带有"恶搞"的色彩而少了应有的严肃,如被网络热炒的"2012 中国出美女城市排行榜"就带有很强的娱乐性。②

从某种意义上可以说,中国的城市正在逐步进入一个"榜时代"。城市排行榜层出不穷,越来越多,令人眼花缭乱。城市竞争力排名、城市形象排行榜、城市公共服务绩效排行榜、城市国际化程度排名、城市社会管理绩效排行榜、最具幸福感城市排名……"中国的城市排行榜实在太多了,以至于没有一个人能够说出我们究竟有多少个城市排行榜。"③"时下,排行日渐成为社会的一景,可以说无日不排行、事事要排行:乐曲要排行、大学要排行、家电要排行、城市要排行……并且是你排我也排,结果各不同。"④

围绕城市或以城市为目标对象的排行榜越来越多,我们已经很难穷尽所有城市排行榜。中国城市发展网设置了"城市排行"专栏,专门搜集城市排行榜的信息,为我们管窥城市排行榜的概况提供了条件。2009 年至 2013 年 5 月,该栏目共搜集了 1 867 篇有关城市排行榜的新闻报道,平均每年有近 400 个城市排行榜。⑤ 虽然可能有重复报道或榜单更新的现象发生,但城市排行榜的数量仍然相当可观。

---

① 一些城市的政府通常还会成立专门的"创城办"(如"创卫办""四城联创办"等办公室)作为议事协调机构,多数由市领导挂帅,所有相关职能部门齐抓共管,共同推进城市排行榜的发展,并设立严格的任务分工机制、时间推进表和问责追究程序。温州市的"六城联创"活动专门开通了官方网站,参见 http://www.wenzhou.gov.cn/col/col5811/。
② 该榜单列出了各个城市的位次、美女百分比以及衡量美女的三个指数,即长相指数、打扮指数、韵味指数,其实际上是由 300 位来自全国各地的网友投票评选产生的结果。参见《网传中国出美女城市排名:哈尔滨第 1 重庆第 2》,新华网,2013 年 03 月 14 日,http://news.xinhuanet.com/politics/2013-03/14/c_124456443.htm。
③《城市排行榜排的不是幸福是生意》,载《广州日报》2012 年 6 月 18 日。
④ 温淑萍:《排行榜乱象引发公信危机》,载《中国社会导刊·社会发展》2008 年第 9 期,第 28—31 页。
⑤ 资料来源:http://www.chinacity.org.cn/csph/csph/,检索时间 2013 年 5 月 3 日。

为什么会涌现出如此众多的城市排行榜？城市排行榜的特征是什么？为什么城市政府及其管理者们如此热衷于城市排行榜？推动他们为城市排行榜而疯狂的动力到底在哪里？城市排行榜究竟能为他们带来什么收益？城市在追逐排行榜的过程中对城市发展产生了怎样的影响？城市排行榜对城市治理和城市管理产生了怎样的影响？有鉴于城市对于社会发展的重要意义以及城市排行榜引发的广泛影响，这些问题都值得深入研究。然而，尽管城市排行榜不断涌现，但针对城市排行榜的系统研究却乏善可陈。将城市排行榜作为一个社会现象加以研究，从中发现对城市管理有所裨益的规律性认识，将有助于我们更加准确地认识城市排行榜的前因后果。本章旨在对城市排行榜的若干重要问题进行初步探讨，填补该领域的研究空白，以期引发学术界的关注与进一步的研究。

本章以下部分的结构安排如下。首先，我们将对城市排行榜的历史进行回顾，并对其定义予以阐述，进而述评目前的有关研究进展。其次，我们对城市排行榜的形成、发展与影响进行理论探讨，初步提出一个城市排行榜的供需分析框架。再次，我们围绕供需分析框架对城市排行榜的"制造""消费"及其正面和负面影响进行考察。最后，我们对城市排行榜的前景进行展望，并提出有待研究的若干重要问题，以期为未来研究提供启示。

第二节 城市排行榜：定义、历史与研究述评

一、城市排行榜就是一种信息

排行榜的本质是一种信息，它提供了有关一组事物在某个维度上的优先次序的信息。排行榜为我们的生活和工作带来了便利，也使我们离不开层出不穷的排行榜。考生在选择大学就读时，会查看大学排名。大学生在选修课程或选择导师时会浏览评师网对教师的评价。病人在就医前会查看医院排行榜，看看哪个医院在哪个专业最擅长。此外，我们还会在寻找餐饮娱乐的去处时参考口碑网、点评网等排行榜的资讯。

同理,城市排行榜的本质也是一种信息,即关于特定数量的城市在某个维度或方面的先后次序、好坏之分的信息。城市排行榜的生产商出售的是一次性信息,这个信息一经公开,其可售卖的价值也就归零。信息本身是虚无的,它通过特定的载体或媒介发挥作用,因此城市排行榜既存在于虚拟世界,也影响着现实世界。

城市排行榜的对象是城市,而且是多个城市。排行榜的生产主体是多元的,上级政府、学术机构、咨询公司、媒体等都在不断"制造"各种各样的城市排行榜。城市排行榜的内容是特定的城市发展维度,既可以是经济增长、企业创新、电子政务等单个维度,也可以是幸福城市、公共服务绩效、城市竞争力等多个维度。因此,我们将城市排行榜定义为:有关两个及以上的城市在某个发展维度上表现好坏的次序或等级信息。这些信息可以分为两类:有关城市的先后次序(ranking)的信息,即对城市进行排队、排序、排名,如各类城市排行榜;有关城市的高低等级(rating)的信息,即对城市进行评级、定档,如文明城市、星级城市等,只划分粗略的档次或级别,而对同档次或级别的城市之间不进行区分。显然,从测量精确度的角度而言,序次比档次的测量更精确,但二者又都比实际分值的测量粗糙。

城市排行榜既可以是一个指标的排名,也可以是多个指标的综合评价。我们关注的是多指标综合评价,而不是单个指标的简单排名,如按照人口排名或按照 GDP 排名等。多指标综合评价的关键在于"加工",即它不是一目了然或可以直接获取的,而是需要通过特定的数据处理过程,将原始的简单指标(indicator)转化为复杂的指数(index)。[1] 在这个过程中,暗箱操作的可能性增大,排名被操纵的风险也随之增大。这个排名的操作化过程为供求双方都提供了宽裕的运作空间,从而为排行榜的滥用和误用埋下了隐患。

---

[1] Arndt C., Oman C., *Uses and Abuses of Governance Indicators*, Paris: OECD Development Centre, 2006.

二、城市排行榜简史

最早的城市排行榜已无从追溯,但胡德等指出,早在 1920 年代即出现了有关公共服务的排名。① 国际上,《福布斯》《经济学家》(*Economist*)、《外交政策》(*Foreign Policy*)等杂志很早就开展了城市竞争力排行榜、城市互联度排行榜、城市生活成本排行榜等方面的研究。联合国、世界银行、经济合作与发展组织等国际组织最早开展的是国家排名或经济体排名,但越来越多的排名开始转向次国家或区域(sub-national),以及城市。但总体来说,城市的排名还不多见,特别是跨国性质的,因为可比性和数据可获得性通常受到极大限制。②③

中国早期的排行榜都是围绕各个省份开展的,但省内差异较大,所以省份排行榜的意义越来越弱化,城市排行榜大有取而代之的趋势。另一个重要原因是从可排名的样本量的角度而言的,即省份只有 31 个单位(港澳台地区除外),而城市则多达数百个,可以根据许多标准抽选排名单位。④ 中国的城市排行榜历史较短,较早的是 2001 年中国社会科学院开展的城市竞争力排行榜,至今也不过十余年历程。⑤ 包括城市幸福感排行榜等在内的大量的城市排行榜都是最近几年才兴盛起来的。

以中国知网(CNKI)报纸数据库的统计数据为例,可以看到最近几年城市排行榜实现了井喷式发展。我们以"城市"和"排名"或"排行榜"

---

① Hood C., Dixon R., Beeston C., "Rating the rankings: Assessing international rankings of public service performance", *International Public Management Journal*, 2008, 11 (3): 298 – 328.
② EIU, *Hot Spots 2025: Benchmarking the Future Competitiveness of Cities*, London: Economist Intelligence Unit, 2013.
③ 例如,世界银行的投资环境调查项目仅针对某些经济体的城市进行排名,关于中国的调查也仅限于 36 个大城市,而且只开展了一次系统性的调查。其后期的调查将最早的 20 个城市拓展到 120 个城市,不过仍然未能持续进行。
④ 因为政治、历史和统计口径的原因,港澳台地区通常被排除在排名之外。当然,这个论断只是初步性的,还有待于细致的实证分析加以佐证。
⑤ 参见倪鹏飞《中国城市竞争力:理论研究与实证分析》,中国经济出版社 2001 年版。

作为关键词进行搜索,从结果可以看出,无论是有关"城市排行榜"还是"城市排名"的新闻报道都在过去十余年快速增长,而尤以"城市排名"出现的次数为多,特别是 2009 年以来更是大幅度递增,其总数甚至超过了此前所有年份之和。

总体而言,信息大爆炸和人们对注意力的追逐是城市排行榜出现的主要时代背景。在注意力经济时代,捕捉和抓住人们的注意力是一切活动的主要出发点。城市排行榜也不例外,它的出现在很大程度上是争夺注意力的结果。在一个信息爆炸的时代,如何从浩瀚且不断更新的信息丛林中脱颖而出,是挑战任何信息生产商的最大难题。

与烦琐的研究报告和得分相比,排名作为一种相对次序的精炼表达,能够非常有效地吸引人们的注意力。"在信息高度超载的时代,时间与精力有限的人们对信息的消费量非常大。排行榜的实质是一种筛选、'提纯'后的信息产品。"①城市排行榜是吸引眼球的重要工具,通过言简意赅的排名可以牢牢抓住人们的注意力,从而实现影响力的快速和广泛传递。

从更深层次的原因来看,城市化进程日益加快是城市排行榜不断涌现的根源。改革开放以来的"造市"运动,无论是 1984 年以来的"地改市"还是 1990 年代以来的"县改市",都产生了大量城市。成为城市有很多或明或暗的收益,所以许多地区都期望通过"造市"而成为城市。李力行发现,成为城市后政府可以增加税费收入,获得更多的土地开发权,争取更多的优惠政策,获取更大的行政权力和政府规模,提高公务员的薪酬,乃至提升城市的声望。凡此种种,都为各地区成为城市提供了源源不竭的动力。②

根据《中国城市建设统计年鉴》③的数据,从 1978 年不足 200 个到 2009 年接近 700 个,中国城市的数量在 30 多年中经历了大幅度增长,无

---

① 温淑萍:《排行榜乱象引发公信危机》,载《中国社会导刊·社会发展》2008 年第 9 期,第 28—31 页。
② Li L.,"The incentive role of creating 'cities' in China",*China Economic Review*,2011,22(1):172-181.
③ 住房和城乡建设部:《中国城市建设统计年鉴 2010》,中国计划出版社 2011 年版。

论是地级市还是县级市都实现了"大跃进"。城市数量越来越多,人们在区分和甄别城市的差异时就需要对城市进行评估、比较和排名,为其各种决策提供依据,由此导致城市排行榜的蓬勃发展。

与此同时,伴随着农村务工人员进城与城乡人口流动速度加快,全国城市人口也实现了快速膨胀。2011年中国的城镇人口首次超过乡村人口,城市化进入一个新的阶段,"乡村中国"正式转向"城市中国"。以前中国还有"百强县""千强镇"等排名,但现在却日渐淡化并退出历史舞台。排行榜的风向标日益转向城市,这一状况同中国乃至世界城市化进程的加快密不可分。无独有偶,世界人口也在2012年实现了城镇人口超过乡村人口的巨变,其中,中国作为人口第一大国发挥了举足轻重的作用,这是因为中国城镇人口已占世界人口的19%。当城市成为经济生产和社会生活的核心单位时,当城市成为人口聚居的主要场域时,对城市的评价和排名也就应运而生了。[①]

三、为什么会有城市排行榜?

城市排行榜等各类排行榜的出现有其必然性,它主要在以下方面发挥了重要作用。首先,排行榜通过信息公开和透明,解决了消费者、投资者与企业之间的信息不对称问题。"在信息爆炸的时代,一个科学客观的排行榜,将有助于人们对信息的甄别,有助于人们作出正确的决策。"[②]在产品和服务市场上,企业往往因为掌握丰富的信息而居于强势地位,一个个分散的消费者作为弱势群体在信息缺失的情况下很难对企业构成压力。排行榜为消费者提供了甄别企业优劣的标尺,有助于消费者做出理性决策,通过"用脚投票"对企业形成倒逼压力。排名的出现同信任

[①] 不可否认的是,伴随城镇化进程日益加快的,却是乡村的凋敝和没落。对此,梁鸿以河南省的梁庄为案例进行了精彩的刻画,参见梁鸿《中国在梁庄》,江苏人民出版社2010年版。
[②] 温淑萍:《排行榜乱象引发公信危机》,载《中国社会导刊·社会发展》2008年第9期,第28—31页。

的递增是有关的,信任是稀缺的,而排名则可以增进信任或声誉。① 例如,酒店星级评价、大学排名、上市公司信用评级、电器能耗等级评价等都为消费者选择产品和服务提供了参考依据,也敦促企业做出改善和优化,迎合排行榜的标准并进而满足消费者的需求。城市排行榜也扮演着类似角色,对城市管理者施压进而推动城市改善。

其次,城市排行榜能够形成强大的舆论压力,并为公共问责提供途径。排行榜公布的绩效信息会对被排名者产生强大的舆论和问责压力,并敦促其改进绩效。② 绩效信息公开和排行,可以对企业、医院等形成强大的公众压力,使它们重视污染排放、食品安全和医疗事故等问题。③ 城市排行榜通常借助于新闻媒体而广泛传播,并使社会公众对排名城市产生相应的感知。这种放大效应既可以提升城市声誉,但如果是负面的话也会对城市产生极大的不良影响。城市排行榜会对排名靠后的城市的政府管理层产生压力,并推动其完善管理与改进绩效。许多城市的领导者通过新闻媒体认识到其治下的城市在某个排行榜上表现差强人意,会进而产生改进绩效并提升排名的动力。

最后,城市排行榜是一种风向标与指挥棒,对城市管理具有较强的指引性和导向性。城市排行榜类似于一种信誉/声誉机制,或者说"羞辱式监管"(regulation by shaming)④,它通过使表现较差的城市"公开亮相"而对其形成压力,并为表现较好的城市树立标杆,从而为城市管理改进指明了方向。例如,淘宝网就建立了非常完善的网购信誉机制,消费者的评价往往决定着网店的未来前景,使网店不得不对消费者敬而有加,甚至发展出"淘宝体"来讨好消费者:"亲,给个评价哦。"如果政府和

---

① Jeacle I., Carter C., "In tripadvisor we trust: Rankings, calculative regimes and abstract systems", *Accounting, Organizations and Society*, 2011, 36 (4-5):293-309.
② Lansky D., "Improving quality through public disclosure of performance information", *Health Affairs*, 2002, 21 (4):52-62.
③ Graham M., *Democracy by Disclosure: The Rise of Technopopulism*, Washington, D. C.: Brookings Institution Press, 2002.
④ Graham M., "Regulation by shaming", *Atlantic Monthly*, 2000, 285 (4):36-40.

公民(纳税人)之间的关系也是如此,那么政府对公民的态度将像淘宝店主对消费者的态度一样,会采取一切可能的手段迎合公民的需求和偏好。① 因此,城市排行榜有很强的风向标或指挥棒的作用,作为一个"抓手"可以发挥很好的引导作用。

四、城市排行榜的研究进展

围绕城市排行榜的专门研究还不多见,但相关研究较多,大致分为三个方面。首先,是关于世界治理排名的分析和评估。越来越多的国际组织通过排行榜来宣传其价值观和文化理念,如世界银行、联合国等开发的全球治理排名、千年发展指数等,都是其援助发展中国家的前提条件,隐含了它所宣示的民主、人权、透明等价值观和利益诉求。② 最近,一些学者开始对此进行了研究,从"排名的排名"角度分析不同排名背后的方法论缺陷和利益诉求问题。③《国际公共管理期刊》在 2008 年刊出一个专辑,题为"公共服务绩效的评级与排名",考察国际组织和学术机构对各个国家或经济体的排名。④ 这些研究发现,世界治理排名充满政治色彩,其信度和效度都有待于提升,对其用途也有必要纠偏。⑤ 不过戴维斯(Davis)等认为,可以将指标和排名视为一项全球治理技术,因为它们

---

① 例如,杭州市上城区委组织部与团委联办的"青年服务 360 概念店"的淘宝店铺就采用了这种评价机制。参见刘俊《"党的声音"在淘宝 "亲,记得给个好评哦"》,载《南方周末》2013 年 5 月 31 日,http://www.infzm.com/content/90908。
② Arndt C., "The politics of governance ratings", *International Public Management Journal*, 2008, 11 (3):275 - 297.
③ Dixon R., Arndt C., Mullers M., "A lever for improvement or a magnet for blame? Press and political responses to international educational rankings in four EU Countries", *Public Administration*, 2013, 91 (2):484 - 505.
④ Dixon R., Hood C., Jones L. R., "Ratings and rankings of public service performance: Special issue introduction", *International Public Management Journal*, 2008, 11 (3):253 - 255.
⑤ Hood C., Dixon R., Beeston C., "Rating the rankings: Assessing international rankings of public service performance", *International Public Management Journal*, 2008, 11 (3):298 - 328.

可以有效影响国家的决策和行为。①

其次,是关于组织报告卡(organizational report card)的研究。组织报告卡的研究者们分析了它与计分卡(scorecard)、标杆管理(benchmarking)等的不同,代表性学者为格姆雷(Gormley)和韦默(Weimer)。② 与其他绩效指标相比,城市排行榜更像组织报告卡,我们可以将组织报告卡的一些研究发现在城市排行榜中予以检验(如表 9.1 所示)。

城市排行榜关注城市,且是多个城市;它定期收集数据进行排名,而且多数是城市以外的主体进行评估和排名,面向的对象也主要是外部公众;城市排行榜需要数据转化。因此,城市排行榜可以被称为"城市报告卡"(urban report card),即对多个城市在某个发展维度上的绩效进行评价和排序/分档的活动。有关组织报告卡的研究为城市排行榜提供了某些参考,如对报告卡的评估与比较,完全可以用于城市排行榜。

表 9.1 组织报告卡与各类绩效指标

	聚焦组织	定期收集数据	外部评估	数据转化	外部受众	多个组织
组织报告卡	是	是	是	是	是	是
GPRA	是	是	否	是	是	否
标杆管理	是	可能	可能	是	是	是
平衡计分卡	是	是	否	是	可能	否
项目评估	可能	否	可能	是	可能	可能
社会指标	否	是	是	是	是	否
披露要求	是	是	是	否	是	是

资料来源:Gormley & Weimer (1999)③。

最后,有关城市排行榜的其他知识来自社会学和组织学,这些研究

---

① Davis K., Kingsbury B., Merry S. *Indicators as a Technology of Global Governance*, NYU Law and Economics Research Paper, New York, 2010.
② Gormley W. T., Jr., Weimer D. L, *Organizational Report Cards*, Cambridge, M. A.: Harvard University Press, 1999.
③ Gormley W. T., Jr., Weimer D. L, *Organizational Report Cards*, Cambridge, M. A.: Harvard University Press, 1999.

分析了企业、大学和非营利组织的排名。学者们通常从制度理论研究组织排名，考察负面信息、声誉、合法性与组织生存等问题。① 有研究发现，排名较差的组织（如法学院）更在意管理决策对排名的影响，并且会为了维护或提升排名而做出某些决策。② 有学者考察了商学院排名对其成员认同感的影响，发现排名会对组织成员产生认同威胁，而组织成员也会因应排名调整其认同。③ 还有学者认为排名不仅影响投资者和消费者的行为，也会影响排名企业的行为。在环境绩效排名的推动下，排名偏低、提高排名的成本较低而收益较高的企业更可能改善环境绩效以提高排名。④ 对大学排名的研究发现，大学已经适应了排名的存在与影响，并会因应排名做出响应，而外部公众和学生等利益相关者也会利用排名选择大学。⑤

在公共管理研究领域，一直以来都有关于公共管理者如何接收和处理各种信息的研究，最近有关政府绩效信息利用的研究成为研究热点，许多学者都对公共管理者和政治家为什么及如何利用政府绩效信息进行了广泛的研究。⑥ 城市排行榜虽然是对城市进行排名，但许多排行榜的指向都是城市政府，因为包括投资环境、公共服务、基础设施和竞争力等方面的排名都离不开城市政府的努力和投入，因此城市排行榜也可以视为城市政府绩效信息的一种形式，而城市政府是否利用这些绩效信息

---

① Sauder M., Espeland W. N., "The discipline of rankings: Tight coupling and organizational change", *American Sociological Review*, 2009, 74 (1):63 – 82.
② Espeland W. N., Sauder M., "Rankings and reactivity: How public measures recreate social worlds", *American Journal of Sociology*, 2007, 113 (1):1 – 40.
③ Elsbach K. D., Kramer R. M., "Members' responses to organizational identity threats: Encountering and countering the 'business week' ratings", *Administrative Science Quarterly*, 1996, 41 (3):442 – 476.
④ Chatterji A. K., Toffel M. W., "How firms respond to being rated", *Strategic Management Journal*, 2010, 31 (9):917 – 945.
⑤ Hazelkorn E., "Learning to live with league tables and ranking: The experience of institutional leaders", *Higher Education Policy*, 2008, 21 (2):193 – 215.
⑥ Moynihan D. P., *The Dynamics of Performance Management: Constructing Information and Reform*, Washington DC: Georgetown University Press, 2008.

显然是一个值得关注的研究方向,并可以参考政府绩效信息使用的研究结果。

从中国研究的进展来看,有关目标责任考核和政府绩效评价的研究为城市排行榜的研究提供了养分。①② 周黎安等提出的中国地方官员的"晋升锦标赛模式",是观察地方政府参与政绩比拼的重要理论视角,对于我们认识城市排行榜有重要启发。③ 城市排行榜可以视为一个个锦标赛,城市自愿或被迫参与竞技,而比赛规则设置会对比赛价值产生关键影响。李振认为晋升锦标赛不仅局限于经济领域的目标责任考核,评比(如国家卫生城市)也是一种重要激励模式,特别是对非经济部门和党委部门官员的激励至关重要。④ 上述文献为城市排行榜研究提供了参考,但仍然未将其作为核心主题加以研究,因此城市排行榜研究仍有待于深化。

第三节 城市排行榜:一个供求分析框架

城市排行榜是一种信息,也是一个信息市场。我们可以从供给与需求的角度分析城市排行榜。从城市排行榜的供给或生产角度而言,其生产商或供应商主要是学术机构、智库、咨询公司、国际组织和新闻媒体等,我们需要关注供应商的来源、构成、动机、行为和收益等。从城市排行榜的需求或消费角度而言,其需求者或消费者主要是城市政府和管理者、公民、在位企业和潜在投资者、新闻媒体等。我们主要分析哪些群体是它的目标群体,哪些群体消费了城市排行榜,以及他们为何及如何消费。

---

① 吴建南、杨宇谦:《公共服务评价中的组织"迎评策略"研究》,载《武汉大学学报:哲学社会科学版》2009 年第 62 卷第 5 期,第 711—718 页。
② 艾云:《上下级政府间"考核检查"与"应对"过程的组织学分析:以 A 县"计划生育"年终考核为例》,载《社会》2011 年第 31 卷第 3 期,第 68—87 页。
③ 周黎安:《中国地方官员的晋升锦标赛模式研究》,载《经济研究》2007 年第 7 期,第 36—50 页。
④ 李振,*Motivating Cadres by Tournaments: The Pingbi Mode in Contemporary China*,北京大学政府管理学院 2012 年政治经济学系年会,北京,2012 年。

从供需关系的角度而言,当供给与需求达到某个动态平衡状态时,就意味着城市排行榜的市场达到了"出清"或"均衡"。但是这种动态均衡状况往往是例外,常态情况是市场不均衡。在城市排行榜诞生之前,供给为零,而需要也处于较低状态。当最初的供给产生后,它会"制造需求",刺激和培养社会对城市排行榜的需求。一旦这种需求被激活,供给的动力也就得到了增强。随着需求的增长,有限的供给无法满足其要求,就会推动供给的增长。供给与需求的同步增长维持不久后,供给开始超过需求,从而产生"买方市场",并出现供给方的激烈竞争和优胜劣汰。显然,这样一个自然的市场演化过程是有利于城市排行榜的发展的,而政府的过度干预却可能中断或推迟市场发育进程。

如图 9.1 所示,我们将城市排行榜置于一个供需分析框架中。供给方和需求方的微观主体行为及其互动关系,构成了城市排行榜的市场生态环境。城市排行榜作为一个开放的社会系统,又会同其所处的宏观环境进行互动,如经济环境是城市排行榜出现和发展的物质基础,制度环境会规定是否允许乃至鼓励对城市进行排名,社会环境是城市排行榜是否会发生变异或走样的土壤,而文化环境则是城市排行榜能否提升品质的关键所在。显然,这样一个供需分析框架是初步性的,它为我们管窥城市排行榜提供了一个指引,但仍然有待于进一步的丰富和深化。

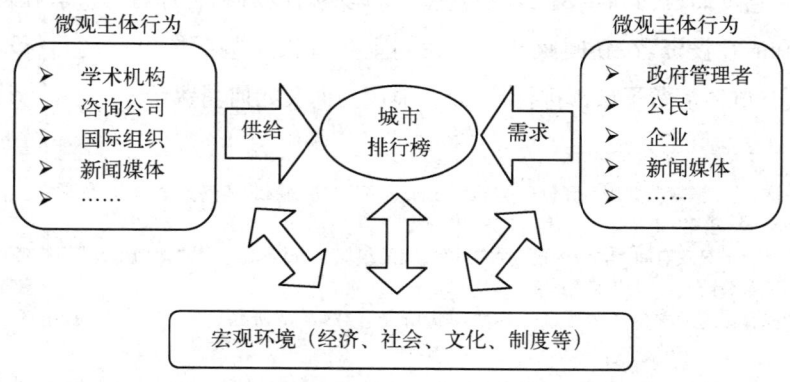

图 9.1　城市排行榜的供需分析框架

第四节 城市排行榜的生产

一、谁在"制造"城市排行榜？

城市排行榜的生产或"制造"并非多么神秘或高不可攀,某种意义上人人都可以"发榜"！从城市排行榜的主要发榜者或"制造商"来看,主要包括如下几类。

1. 政府及其附属机构(各类事业单位),如组织全国文明城市评选的"文明办"和组织全国卫生城市评选的"爱卫会"等。这些机构通常是挂靠在各级政府部门下面的事业单位,针对所管辖的职能领域开展城市排名活动。

2. 学术机构或智库,如中国社会科学院下属的研究机构、高等院校及其所属的院系和研究机构、独立研究机构或专业非营利组织(如中国城市竞争力研究会、公众环境研究中心等)。

3. 企业,大致分为两类:咨询公司和市场调查公司。咨询公司包括关注管理咨询的埃森哲、美世等跨国公司和专注政策咨询的经济学家资讯部等。市场调查公司(如零点)通常会利用其公众调查优势对城市进行排名。

4. 新闻媒体,如人民网、《福布斯》、《小康》、《瞭望》等开展的城市排行榜活动较多。某种意义上,新闻媒体既扮演供给方也扮演需求方,但更多的情况下它是以供给与需求的媒介或中介而出现的。新闻媒体作为宣传工具或信息平台,为城市排行榜的推广和消费提供了手段。很多城市排行榜的消费者(如公民和企业)都是通过新闻媒体的科普化报道而知晓城市排名的,而他们对排行榜的运作却知之甚少,也缺少动力和专业知识去一探究竟。

通常来说,上述主体还会多方合作,形成合力,共同发布城市排行榜。例如,新闻媒体会借力学术机构进行排名,并联合政府部门树立权威性。学术机构也会依托新闻媒体进行宣传,共同推动城市排行榜发展。

二、为什么"制造"城市排行榜?

解决信息不对称、强化公共问责并发挥引导作用等是城市排行榜出现的主要背景,而从城市排行榜出现的功利性角度来看,它是一件"名利双收"的好事,何乐而不为?作为一个低成本、低风险、高回报的产业,任何人都有进军城市排行榜的强大动力。"一些企业靠排行榜追逐名利,有人制作排行榜获利。于是,各种各样的排行榜层出不穷。"[1]"众多的城市排行榜为何不断出现……是双方需要的一单生意。一方面,有人需要这些排行榜以彰显政绩,作为升官的资本;另一方面,这些排行榜的发布者也可以为自己获得政治和经济利益。"[2]换句话说,一个看重"名",一个追求"利",两者一拍即合,名利双收。

1. 成名。城市排行榜可以扩大舆论影响力,通过公开宣传而提升排名机构的声誉,并为其开展其他业务畅通渠道。大量的城市排行榜会通过各种方式推销与公关(公共关系),如新闻发布会、出版、表彰大会、授牌仪式等。一篇学术论文或研究报告很难吸引大众的注意力,因为存在专业性门槛的限制。但一份排行榜却可以吸引大量关注,因为其普及性和可理解性较强。大量机构热衷于排行榜,很大意义上是为了"一排成名"。

2. 逐利。城市排行榜会产生许多衍生物,如对排名的解释和解读、提高排名的方法和技巧等。排名本身甚至可以成为一个产业,如专业的信用评级机构、大学排名机构、美世的城市生活成本排名等,这些都为排行榜的制造者提供了获利的机会。[3] "'排行榜'运作好了其实就是棵摇

---

[1] 温淑萍:《排行榜乱象引发公信危机》,载《中国社会导刊·社会发展》2008年第9期,第28—31页。
[2] 《城市排行榜排的不是幸福是生意》,载《广州日报》2012年6月18日。
[3] 城市排行榜逐利的另一面是被排名城市的利益损失。来自政治行政中心——北京的各类排行榜最多,而区号为"010"的电话常常让企业和政府部门忌惮,就像"恭喜您,您中奖啦!"之类的欺诈电话一样让人"打寒战"。

钱树:排不上榜单非要挤进去的要掏钱,排上了却有种种顾虑不愿出现的也要掏钱;而且,虽然榜单不公平、榜单很荒唐,但只要能够引起广泛争论,便能够吸引眼球并进而赢得广告赞助。"①作为一种信息,城市排行榜的榜单是免费的,但其他副产品却是付费的,如城市排行榜的数据库、定制化的政策和管理咨询、调整名次的"公关费"等。

3. 赢得权力(话语权、软实力)。排行榜还为其制造者提供了排名权就样一种很强的权力。城市排行榜会影响媒体、公民和企业的行为选择,既可以成就一座城市,也可以毁掉一座城市。城市排行榜作为一种话语权的体现,对城市而言具有很强的"软杀伤力"。因此被排名城市有求于排名机构,并有足够的动力去游说和影响排名机构,使其"制造"出有利于自己的排行榜。

三、如何"制造"城市排行榜?

城市排行榜是如何"制造"的? 在不公开透明的情况下,许多排行榜的产生和制造往往是一个谜。多数城市排行榜为多指标综合评价,需要信息加工或数据处理。专注于某个领域的城市排行榜发布者需要构造该领域的评价理论框架和指标体系,并收集基础数据进行加工处理,对城市在该领域的表现情况进行评价和排序。许多涉及大型公共调查和繁复数据处理的城市排行榜动辄需要花费上百万元,对资金和专业技术的依赖性较强。例如,中国城市竞争力排名就依赖于大量基础数据的搜集、处理和分析,每年花费数百万元。②

排行榜的关键在于数据收集和处理,如果有特殊渠道获得数据,那么排名的成本将大大降低。许多依靠调查和专家的排名成本较高,但多数通过统计数据而进行的排名却不然,甚至毫无"技术含量"可言。例

---

① 温淑萍:《排行榜乱象引发公信危机》,载《中国社会导刊•社会发展》2008 年第 9 期,第 28—31 页。
② 温淑萍:《排行榜乱象引发公信危机》,载《中国社会导刊•社会发展》2008 年第 9 期,第 28—31 页。

如,《福布斯》的某些排名就非常简单,典型的如最安全或最危险的城市,就只是犯罪率这样一个简单的指标,任何人都可以获得,只不过它将其贴上了"最……"的标签而已。[1] 更有论者指出:"几个合法或非法的协会挂名,借几个名人当'托',广发'英雄帖',引诱那些酷爱虚名的人拿钱买奖,于是'共和国脊梁'满天飞。"[2]还有人认为:"社会上乱评比的机构,大概有挂名协会、专门成立的评比公司及三五人合作的小作坊。而评比程序更是简单,收钱后就发称号,根本就没有严谨的程序和权威评选专家。"[3]这种极端现象显然不是城市排行榜的常态,但某些排行榜的低风险、低成本和暗箱操作是诱发这种乱象的主要原因。

第五节 城市排行榜的消费

一、哪些城市被排名?

在考察城市排行榜的消费时,我们需要首先明确城市排行榜的对象。其实并非所有的城市都能有幸进入制造者们的"法眼",城市也是有"高低贵贱"之分的,这决定了它们是否有资格被排名。中国的城市按其行政级别主要包括省级的4个直辖市、15个副省级城市、290余个地级市以及380余个县级市。

在中国的近700座城市中,城市排行榜最热衷的是直辖市和副省级城市,也就是中国的大城市。这些大城市聚集了中国最主要的资源,其影响力也是最大的。城市排行榜对这些城市进行排名,能够吸引公众关注并产生显著影响,这也是城市排行榜最乐于选择这些城市进行排名的

---

[1] 参见 Detroit Tops The 2012 List Of America's Most Dangerous Cities,2012年10月18日,http://www.forbes.com/sites/danielfisher/2012/10/18/detroit-tops-the-2012-list-of-americas-most-dangerous-cities/。
[2]《城市排行榜排的不是幸福是生意》,载《广州日报》2012年6月18日。
[3] 温淑萍:《排行榜乱象引发公信危机》,载《中国社会导刊·社会发展》2008年第9期,第28—31页。

主要原因。

其次,排行榜热衷的是"较大的城市"以及特定区域和发展阶段的城市。"较大的市"不只是以城市规模(如人口)或经济总量(如GDP或人均GDP)衡量,在中国它有法律意义,因为其人大拥有立法权。《中华人民共和国立法法》指出"较大的市"共49个,其中省会城市或自治区首府27个、经济特区所在地的市4个、国务院批准的较大的市18个。[①] 此外,珠三角、长三角等地区的城市通常经济发展水平较高,许多城市排行榜都针对这些城市开展。

最后,城市排行榜也关注地级市,因为它们在可比性和数据可获得性方面较有优势,而且中小城市的政府管理者对谋求城市排行榜的动力更足。城市排行榜关注较少的是县级市,一方面是因为有关它们的数据难以获取,另一方面则是因为它们的体量和影响力还不足以构成舆论话题并产生社会效应。

二、谁在消费城市排行榜?

谁会是城市排行榜的"消费者"?城市排行榜的目标群体是谁?不仅人人可以"发榜",而且人人都有可能消费城市排行榜。城市排行榜的关注者及潜在消费者包括如下几类。

首先,城市政府管理者通常会通过政府内参、市长办公会、新闻媒体等渠道了解城市排行榜,进而利用其信息进行管理决策。对于将本市排名靠前的排行榜,城市政府管理者热衷于大力宣传并将其写入政府文件;而对于将本市排名靠后的排行榜,城市政府管理者则会在内部沟通并寻找原因以提升其排名,而不会大张旗鼓地宣传以"自找羞辱"。城市政府管理者的这种"内外有别"的消费城市排行榜的方式,反映了中国人追求面子的心态。中国人注重面子,所谓"表里不一",其实就是"里子"

---

① 参见向平锋《"较大的市"立法有关情况综述》,中国人大网,2009年4月14日,http://www.npc.gov.cn/npc/zt/qt/dfrd30year/2009-04/14/content_1497635.htm。

是给自己人看的,"面子"是给外人看的。中国作为一个"模范社会",不断制造各种"模范"并树立很多典型,借此激励和引导类似行为。①

其次,公民特别是市民会对城市排行榜感兴趣。市民通常对所在城市具有一种天然的归属感,并会关心城市的荣辱。当某个城市排行榜将其所在的城市排名靠前时,市民通常会有强烈的自豪感;反之,市民通常会对其所在城市排名靠后感到沮丧,甚至会刨根问底地探究城市排行榜的具体内容和细节。更常见的情况是,当市民心目中的城市排名同城市排行榜的结果大相径庭时,他们会更加关注城市排行榜并参与公共对话。从人才流动的角度来看,在选择去哪座城市求学、就业、旅游和定居方面,城市排行榜也发挥着不可或缺的导引作用,为公民决策提供信息支撑。②

再次,企业和潜在投资者会在投资选址时参考城市排行榜,也会在企业管理中使用城市排行榜。《福布斯》发布的"最佳商业城市"系列排行榜就是为企业服务的典范,其通过构造宜商城市评价体系对样本城市进行排名,为跨国公司等各类企业投资选址提供参考咨询。美世的城市生活成本排行榜为企业人力资源管理提供指南,特别是为跨国公司选派经理人赴各国出差公干并提供与目的地城市匹配的薪酬津贴提供参考依据。

最后,新闻媒体寻找"素材"时也会倾向于采用城市排行榜,二者相得益彰,各取所需。一方面,城市排行榜的制造者会主动邀请新闻媒体报道,以利于城市排行榜的宣传推广;另一方面,新闻媒体也热衷于报道城市排行榜,因为它们易于吸引受众眼球。

三、为什么消费城市排行榜?

类似于组织报告卡的影响,城市排行榜对消费者的影响可以从宏观

---

① Bakken B., *The Exemplary Society: Human Improvement, Social Control, and the Dangers of Modernity in China*, New York: Oxford University Press, 2000.
② 例如,"中国教育在线"的"中国城市排行榜——校园招聘频道"涵盖了中国城市在城市生活压力、毕业生就业首选城市、教育环境等各个方面的排行,为毕业生选择就业城市提供指南。参见 http://www.eol.cn/html/c/diaocha/index_01.shtml.

和微观两个方面予以考察。① 宏观影响主要指城市政策调整与管理因应。微观影响则包括企业选址与资金流动、移民流动与人才吸引。不过,两方面的影响都缺少可靠的实证证据,有待于进一步研究。

1. 宏观影响。城市排行榜为城市政府制定公共政策提供依据,为城市选择标杆(benchmark)管理对象提供参考。城市可以通过排行榜准确定位自身在某个发展维度上的相对位置,为其找到学习和竞争的对象提供依据。城市排行榜还可以帮助城市找准城市发展中的"短板",如城市在某些维度上的缺失或不足,从而为城市选择发展的"靶点"或突破口提供启示。此外,围绕排行榜的信息沟通和咨询,有助于城市制定有针对性的解决方案。

2. 微观影响。有关医院、学校、产品等的排行榜(如大众点评网、评师网、好大夫在线等)有利于消费者的理性行为选择,城市排行榜也有类似作用。

首先,个人在选择就业和生活的城市时可以参考城市排行榜的相关评价,以确认自己的感觉或抒发情绪。例如,幸福感、生活成本、房价等排行榜为个人确认自己的模糊判断提供了准绳。但是,如果排行榜的结果与其个人感受不符或完全相反,其也可能产生不信任的情绪。

其次,企业在投资选址等时会参考城市排行榜,许多企业都通过投资环境排行榜来确定是否投资某个城市。当然企业选址受到许多因素的影响,目前还没有证据证明企业的确是受到某个排行榜影响而作出投资决策。

最后,排行榜为媒体制造话题提供了机会。媒体作为"好事之徒"最热衷于报道城市排行榜,无论其所在城市是否被排名。

第六节 城市排行榜的问题与流弊

上面两节探讨了城市排行榜的供给与需求两个方面,而供需的微观

---

① Coe C. K., Brunet Jr., "Organizational report cards: Significant impact or much ado about nothing?" *Public Administration Review*, 2006, 66 (1): 90 – 100.

主体行为内嵌于宏观环境中,经济、社会、政治、制度、文化等宏观环境因素都会对城市排行榜的供需关系产生深远影响,而城市排行榜也会对这些环境因素产生反作用力。受转轨时期中国国情和发展特征的影响,城市排行榜在产生积极作用的同时,也诱发了许多负面影响。

一、城市排行榜的信号紊乱

显然,层出不穷的城市排行榜为各类利益相关者提供了更多选择。但与此同时,在诸多城市排行榜混战的"战国时代",它们发出的不同乃至自相矛盾的绩效信号也扰乱了城市管理者和其他利益相关者对城市的认识和判断,进而可能误导他们的决策和行为。由于"暗箱操作",许多城市排行榜只公布结果而不公布过程,导致外界知其然而不知其所以然,对其结果是如何产生的无从获知,城市排行榜的透明缺失导致城市排名乱象和公信力危机。① 例如,什么是幸福感、竞争力?哪个排行榜值得相信? 社会公众往往有一种被"牵着鼻子走"的感觉,常常发现排行榜的结果同其内心的期许相差甚远,进而失去了对城市排行榜的信任。一些城市在某榜单中被排名第一,但在另一个榜单中则名落孙山,城市很难准确定位自己的发展阶段并做出合理决策。

例如,有关城市竞争力,就有北京的中国社会科学院发布的《中国城市竞争力报告》②和香港的中国城市竞争力研究会发布的《中国城市竞争力年鉴》③,而两者的排名常常出入很大。再以城市公共服务绩效排名为例,目前已有两家机构开展全国大城市的排名,但是,虽然针对同一个主题并采用相似的指标体系和测评方法,两个机构产生的城市排行榜却并不完全一致,甚至就某些城市的排名而言可谓南辕北辙。

总体来看,两项排名的结果相关性较高,线性相关系数超过 0.6,属

---

① 参见温淑萍《排行榜乱象引发公信危机》,载《中国社会导刊·社会发展》2008 年第 9 期,第 28—31 页。
② 倪鹏飞主编:《中国城市竞争力报告. No.10》,社会科学文献出版社 2012 年版。
③ 桂强芳:《中国城市竞争力年鉴 2011》,海天出版社 2011 年版。

于中度相关。但就具体城市而言,某些城市在两项排名中的相对位置却差别较大。例如,南京在 B 机构中的排名是第 5 名,而在 A 大学中的排名则是倒数第 10 名。① 南京市的市长和其管理团队该如何定位其公共服务绩效?南京市的市民和企业又该如何解读城市公共服务质量?显然,不同排行榜发出的矛盾信号可能会误导城市管理者和市民对某些城市的定位及判断,进而影响他们的感知和行为。

二、城市的"应试教育"与博弈反应

作为一种"高赌注考试"(high-stake test),上级政府部门发布的城市排行榜与城市发展和城市管理者的职业前景紧密相关。城市管理者会千方百计乃至不择手段地为提升排名而努力,由此会导致许多意想不到的行为发生。城市排行榜导致了许多博弈行为和负面影响,如棘轮效应(ratchet effects)、临界效应(threshold effects)与产出扭曲(output distortions)等。② 例如,城市评比往往表现出应景式的反应,这种反应常常会反弹和不可持续,城市在某种程度上只是为了"风头"而已。

排名还可能产生责任规避行为,因为政府官员会为绩效改进而表现,但也会为绩效低下而规避责任。狄克逊(Dixon)等最近对欧洲四国教育排名的研究发现,芬兰的绩效表现更好,但却和德国一样遭受了国内媒体非议。英国政治家遭受的个人责难远高于法国和德国,但政治回应最强的却是英国和德国。他们认为,排名可能很难成为"绩效改进的杠杆",而更多成为"责难的磁铁"。③

奥利弗(Oliver)开发了一个组织应对制度的策略分析框架,共分为

---

① 马亮、于文轩:《第三方公共服务绩效评价的评价:一项比较案例研究》,载《南京社会科学》2013 年第 5 期,第 55—63 页。
② Hood C., "Gaming in targetworld: The targets approach to managing british public services", *Public Administration Review*, 2006, 66 (4):515-521.
③ Dixon R., Arndt C., Mullers M., "A lever for improvement or a magnet for blame? Press and political responses to international educational rankings in four EU Countries", *Public Administration*, 2013, 91 (2):484-505.

五种行为,包括默许、妥协、规避、抗拒和操纵,以考察这些非预期的影响。① 吴建南和杨宇谦结合中国地方政府绩效评估的实际情况,研究了这些迎评策略的出现与影响。② 艾云通过案例分析,也对上级检查与下级迎评的互动逻辑进行了深入分析。③

评比达标表彰活动是城市排行榜的一种类型,其层出不穷可能与上下级政府之间的"共谋"密不可分。④ "这是一条利益链,上级和下级对评比都有需求。"⑤党中央和国务院自1996年以来就三令五申清理取缔各种名目的评比达标表彰活动,但仍然屡禁不止,"清剿"以后很快就会反弹。究其原因,是上下级政府各有所需,上级政府会默许乃至纵容下级政府的造假行为。"假得如此明显,领导怎么可能认为是真的呢?……上级领导当然知道是假的,只不过假装不知道,'所有人都在表演'。"⑥

评比人以排行榜"设租"而谋求寻租,通过这种制度安排确保其部门职能的履行。被评比人则找到了一个竞技平台,可以借此施展才能去竞争稀缺的政治职位。一些地方政府可以在谋求晋升(rank seeking)的同时寻租(rent seeking),甚至将其作为寻租的一种形式或手段,因为有了这样的由头,就可以大兴土木去建设许多形象工程和政绩工程,反而为这些行为提供了制度合法性。

---

① Oliver C., "Strategic responses to institutional processes", *The Academy of Management Review*, 1991, 16 (1):145 – 179.
② 吴建南、杨宇谦:《公共服务评价中的组织"迎评策略"研究》,载《武汉大学学报:哲学社会科学版》2009年第62卷第5期,第711—718页。
③ 艾云:《上下级政府间"考核检查"与"应对"过程的组织学分析:以A县"计划生育"年终考核为例》,载《社会》2011年第31卷第3期,第68—87页。
④ Zhou X., "The institutional logic of collusion among local governments in China", *Modern China*, 2010, 36 (1):47 – 78.
⑤ 参见刘俊、刘宽《"清剿"评比:不要官官相扰》,载《南方周末》2010年12月10日,http://www.infzm.com/content/53341。
⑥ 参见林珊珊《截访、造假、捡垃圾——副乡长的一天》,载《南方人物周刊》2013年第18期,2013年6月7日,http://www.nfpeople.com/News-detail-item-4531.html。笔者在与基层公务员(特别是乡镇和街道的科级、副科级公务员)的访谈中发现,上级政府部门对基层在"迎评"过程中的弄虚作假行为采取一种默许乃至纵容的态度。虽然他们明知基层在造假,但却并不深究。这种现象表明上下级政府已形成一个稳定的利益共同体或利益输送链条。

更为重要的是,城市排行榜的风向标与指挥棒作用失灵导致"千城一面"。许多人士指出,大学排名对大学是一种误导,它使大学自身削足适履以适应排行榜的指向,由此大学失去特色、千篇一律。类似的,城市排行榜是不是中国城市"千城一面"的主因?例如,住建部的"国家园林城市"要求城市按一定比例栽植特定树种,一些北方城市为此而大量购进并不适宜种植的名贵树种,导致这些动辄价值数十万元的树木枯死。而另一方面,国家林业局的"国家森林城市"与"国家园林城市"在树种和绿化面积上的不同定义,也使造林丰富的重庆迟迟无法评上并饱受争议。① 因此,城市排行榜在引导城市发展的同时,可能也产生了许多误导性影响。

显然,城市排行榜具有强烈的外部性,不是供需双方的私人交易,而可能对公共治理产生不容忽视的影响。例如,城市排行榜对城市的误导,城市为谋求排名而产生的直接成本和间接影响,等等。许多城市为了追求形象而使市民和企业做出了很大牺牲,在排行榜之外产生了大量难以衡量的公共成本。城市政府为追求排名而投入的大量人力物力财力多数源于纳税人的税收,而城市为追求排名而制造的"形象工程",对市民生活和企业生产都产生了不容忽视的负面影响。如何治理城市排行榜及其负面影响,成为城市管理的一项重要课题。

第七节 城市排行榜的未来展望

一、优胜劣汰还是"劣币驱逐良币"?

未来的城市排行榜将何去何从?显然,在一个注意力经济时代,城市排行榜将不会消失,各类排行榜仍将层出不穷。各种城市排行榜都在分一杯羹,争取城市管理者的眼球。早期的城市排行榜主要围绕城市的

---

① 参见文涛《尴尬的国家森林城市》,载《南都周刊》2012年第22期,http://www.nbweekly.com/news/china/201206/30195.aspx。

经济实力、竞争力、投资环境等方面开展,强调城市的"硬实力"和经济发展维度。现在的城市排行榜则日益关注社会、政治、文化发展等方面的"软实力"和社会发展维度,越来越多的城市排名也将公共服务绩效、行政透明度和财政透明度、电子政务、国际化、民生、环境质量、幸福感等纳入排名体系。

城市排行榜的另一个发展走向,是逐步从硬数据向软数据、从档案数据向感知数据的转变。当然这一转变不是必然的,越来越多的排行榜将二者结合在一起,但软性感知数据的比重日益增加。唯 GDP 是从的观念已经转变,城市的差异更多体现在许多看不见的软性因素,而不是高楼大厦和经济总量等看得见的硬性因素上,由此导致了城市排行榜的理念转向。

从供需分析角度来看,城市排行榜是否会实现市场均衡? 伴随着越来越多的城市排行榜问世,它们也会存在市场竞争与优胜劣汰。城市排行榜是否会"劣币驱逐良币"?"社会上的胡乱评比太多了,对正规单位的公益性评选影响太大了。""日益混乱的排行榜和黑幕重重的名次评比,使'排行榜'逐步失去公益、公正的面孔,转而成为商业化、娱乐化符号。""专业性过强的排行榜已经吸引不了观众的眼球,只能大量注入更为活跃的商业色彩。相比渲染力,现在更看重排行榜的社会性、公益性和公正性。"[1]

城市排行榜作为一个市场或产业,需要监管吗? 其发布是否需要审批? 政府多次要求各地、各部门和各系统清理取缔评比达标表彰活动,但收效甚微。作为一些部门和机构的"摇钱树"与管理"抓手",排行榜很难退出市场。城市排行榜不能像其他领域一样,再次陷入"一放就乱,一管就死"的尴尬局面。政府既要为其良性发展提供制度空间,又要避免发生各种"乱象"。

---

[1] 温淑萍:《排行榜乱象引发公信危机》,载《中国社会导刊·社会发展》2008 年第 9 期,第 28—31 页。

二、城市需要减负吗？

从被排名的城市的角度来看，城市需要"减负"吗？众多城市排行榜发出的矛盾、多样和复杂的信号是否会造成城市管理者的信号紊乱和方向迷失？究竟哪个榜单是值得信任的？城市之间的差异是统计显著的吗？是否有一个置信区间可资参考？被城市排行榜左右的城市，路在何方？城市需要对排名"末位"作出响应吗？这些问题都还有待于进一步的深入研究。

由于历史遗留原因和地缘因素，西部后发城市（如兰州、太原）通常很难在目前的总量或存量排行榜中占据优势乃至拔得头筹，它们往往是陪衬和垫底的对象，这种挫败感不利于激发其绩效改进。反过来看，东部发达城市往往具有很强的优越感，多数城市排行榜都将它们列入榜首，这种优越感的长期存在也不利于城市发现其他方面的问题而予以改进。因此，改存量评价为增量评价，或是未来城市排行榜需要关注的方向。

此外，是否有必要增加分级式的排行榜而减少排序式的排行榜，即改排名为分级？目前中国与新加坡中小学教育部门对考试排名的认识已经发生改变，纷纷取消学生成绩排名。城市排行榜可能也应该采取类似做法，使城市不要斤斤计较于几个名次的得失，而更加注重城市的可持续发展和渐次优化。由于评价和排名具有不确定性，几个名次的差距可能并非统计意义上的显著差异，因此城市排行榜需要设置一定的置信区间，明确排名差距较小的城市可能会因为统计误差或权重变化而颠倒次序，从而为城市准确认识自身位置提供参考依据。①

三、如何消费城市排行榜？

如上所述，城市排行榜传递的信号可能是不准确甚至是完全偏误

---

① Nardo M., Saisana M., Saltelli A., *Handbook on Constructing Composite Indicators: Methodology and User Guide*, Paris: OECD Publishing, 2005.

的。在这种情况下,消费者不能盲信或全信,但也不能不信。消费者面对城市排行榜需要去伪存真,对其甄别评判后才去消费。对于城市排行榜也不能一棍子打死,毕竟其中的一些的确提供了富有价值的参考信息。组织报告卡的研究者们提出了评判质量的标准,为我们评价城市排行榜提供了依据。于文轩和马亮提出了一个衡量第三方政府绩效评价活动的指标体系,可以借此对城市排行榜的优劣进行评价。[1]

对城市排行榜可以从如下维度和子维度进行评估,包括:独立性(independence),即组织隶属与财务上的独立性;相关性(relevance),即对城市管理实践的重要性;全面性(comprehensiveness),即全面覆盖城市发展的重要维度;效度(validity),主要指理论支持;信度(reliability),主要指样本代表性、统计方法、权重设置、可比性、透明程度;可理解性(comprehensibility),即平实语言与图表的使用;功能性(functionality),即媒体与公众关注、政府利用。

四、未来研究方向

虽然城市排行榜层出不穷,但还未发现对其的系统研究。一些观察家对城市排行榜的流弊进行探讨,但缺少深入的理论和实证研究。围绕城市排行榜,以下问题是未来的主要研究方向。

首先,我们需要对城市排行榜进行评价和排名,开发"城市排行榜的排行榜",对城市排行榜的方法论(信度、效度等)和独立性等问题进行研究,为城市排行榜的各类消费者提供指引,解决其信息不对称问题。据此还可以研究为什么各种机构会生产城市排行榜,并考察哪些机构的城市排行榜更加可信。

其次,未来研究可以考察排行榜对城市的影响,采用基于自然实验设计的实证研究方法,考察城市排行榜对企业选址、移民流动、城市管理

---

[1] Yu W., Ma L., "External government performance evaluation in China: Evaluating the evaluations", *Public Performance & Management Review*, 2016, 39(1):144-171.

者(如市长升迁)和城市发展的影响。例如,前文介绍的一项研究就利用排行榜扩大排名企业范围的机会,研究了企业在被纳入排行榜前后的变化,通过这个自然实验场景实证考察排行榜对企业行为的影响。①

再次,政府绩效信息使用日益成为公共管理研究的热点问题,未来研究可以分析城市排行榜与政府管理者的绩效信息利用之间的关系。例如,市长们关心所在城市的排名吗?市长们如何利用城市排行榜提供的信息?市长们爱听真话还是好话?这些问题都值得未来研究加以关注。

最后,"榜时代"的城市治理值得深入研究。作为类似于锦标赛的治理模式,城市排行榜对城市的影响是深远的。我们不仅应关注锦标赛和排行榜对城市的影响,而且应该关注排行榜本身的特征及其根源。如何引导城市正确对待城市排行榜,如何规范城市排行榜市场,这些都是未来研究值得关注的方向。

---

① Chatterji A. K., Toffel M. W., "How firms respond to being rated", *Strategic Management Journal*, 2010, 31(9):917-945.

第十章　第三方评估与政府绩效信息使用

政府绩效评估与管理是新公共管理运动以来公共部门改革的核心议题之一,包括绩效工资、绩效预算、民营化、网络治理等在内的许多改革都将提升政府绩效视为其价值内核。① 绩效评估的目的在于为管理者和其他利益相关者提供可资使用的绩效信息,以解决信息匮乏和不足的问题。但是,正如经济合作与发展组织在其报告中所坦陈的那样,日益流行的绩效测量实践实际上产生了一堆无人问津的冗余信息。② 本质而言,政府绩效信息使用是政府绩效管理的关键所在。③ 因为如果政府绩效评估产生的大量信息无法得到公共管理者、政治家和公民等利益相关者的有效利用,那么绩效评估的正面效果将大打折扣。因此,研究政府绩效信息使用的机制和规律就成为理解政府绩效管理的重要领域。④

---

① Kettl D. F., *The Global Public Management Revolution: A Report on the Transformation of Governance*, Washington: Brookings Institution Press, 2005.
② Pollitt C., "Performance information for democracy: The missing link?" *Evaluation*, 2006, 12 (1): 38 – 55.
③ Moynihan D. P., Pandey S. K., "The big question for performance management: Why do managers use performance information?" *Journal of Public Administration Research and Theory*, 2010, 20 (4): 849 – 866.
④ Van Dooren W., Van de Walle S., eds, *Performance Information in the Public Sector: How it is Used*, Houndmills: Palgrave, 2008.

本恩(Behn)认为,如何有效衡量绩效是公共管理研究的三个"大问题"之一。① 摩尼汉(Moynihan)和潘迪(Pandey)则进一步指出绩效管理最大的问题是"为什么管理者使用绩效信息",值得注意的是,该问题却是绩效管理领域最重要也最少被研究的问题之一。② 人们对如何生产或制造绩效信息进行了大量研究,但对如何利用绩效信息却知之甚少。目前有关政府绩效信息使用的研究主要集中于英文文献,中文文献还较少。最近,董静对政府绩效信息使用的国际实践进行了梳理。③ 总体来说,尽管上述研究为进一步考察政府绩效信息提供了文献基础,但目前多数研究尚未同国际文献有效对接,一定程度上影响了政府绩效信息的研究价值。

本章整合已有的理论和研究文献,对政府绩效信息使用的研究文献进行系统综述,对政府绩效信息使用的内容、使用者、使用目的、使用方式、使用场域、使用结果和影响等关键问题进行述评。本章概括这些研究的主要旨趣及研究取向,指出现有研究存在的若干局限,并探讨未来值得关注的主要研究方向。

第一节 政府绩效信息使用:研究状况概览

虽然关于政府绩效信息使用的研究可以追溯到 1930 年代有关公共政策与项目评估使用的研究文献,但晚近的文献主要是最近几年才兴起的。克罗尔(Kroll)列出了共计 25 篇针对公共管理者使用政府绩效信息的主要研究文献,并对这些研究的主要属性(如研究主题、理论假设、样

---

① Behn R. D., "The big questions of public management", *Public Administration Review*, 1995, 55 (4):313-324.
② Moynihan D. P., Pandey S. K., "The big question for performance management: Why do managers use performance information?" *Journal of Public Administration Research and Theory*, 2010, 20 (4):849-866.
③ 董静:《绩效信息得到有效使用了吗?——对各国政府绩效管理效果的审视》,载《兰州大学学报:社会科学版》2014 年第 42 卷第 3 期,第 73—79 页。

本和数据来源、方法和主要发现等)进行了概括。① 摩尼汉在其"绩效信息项目"中遴选了政府绩效信息使用的文献清单,截至目前已有88篇相关研究发表。② 为了考察国际上有关政府绩效信息使用的研究状况,我们在Web of Science平台上,以"绩效信息""政府""公共部门/组织"及其英语词汇变体作为主题(包括标题、摘要和关键词),对SSCI收录的公共管理学科源期刊进行检索,以确定最终的文献目录。③

从历年政府绩效信息使用的研究文献数量来看,政府绩效信息使用的年度论文发表量逐年递增。我们的检索总计定位了67篇英文论文,不包括其他学科的29篇论文。从年份来看,政府绩效信息使用还是一个相对"年轻"的研究领域,最早的文献是1995年发表的,特别是2007年以来的研究呈明显增长趋势。政府绩效信息使用的主要研究对象集中在西方发达国家,如美国、澳大利亚、英国、荷兰、比利时、加拿大、丹麦、德国等,而中国等发展中国家的研究还相对较少。从关注的政府层级来看,尽管越来越多的研究者开始对地方政府进行调查,但地方政府的关注还较为有限,主要集中在联邦和州政府层面。从数据来源看,访谈和问卷调查是主要数据收集方法,实验研究等方法值得进一步加强。从研究方法来看,早期研究多以案例研究等质性研究为主,后期研究开始以量化分析为主。该领域量化研究和质性研究的比例不相称,这一点同目前公共管理研究方法的主要构成基本相似。

当然,此处我们只是列出了以期刊论文为代表的研究,有关政府绩效信息使用的其他研究还包括学术著作,如摩尼汉的《绩效管理的动力

---

① Kroll A., "Drivers of performance information use: Systematic literature review and directions for future research", *Public Performance & Management Review*, 2014, forthcoming.

② Moynihan, Donald, Public Service: Performance Information Project (PIP), Robert M. La Follette School of Public Affairs, University of Wisconsin-Madison, http://www.lafollette.wisc.edu/publicservice/performance/index.html. 2014-06-26.

③ 参见Thomson Reuters的Web of Science, http://www.webofknowledge.com。

学：建构信息与改革》①和范·多伦(Van Dooren)与范·德沃尔(Van de Walle)主编的《公共部门的绩效信息：它是如何使用的？》②。此外，大量会议论文和工作手稿也不断涌现，可以预见，该领域的研究文献将更加丰硕。

第二节 政府绩效信息的特征与属性

一、政府绩效信息的定义

政府绩效信息是政府绩效评估与管理过程中产生的有关政府产出与结果的信息。通常来讲，绩效信息指有关公共服务产出、结果、效率和效果等的反馈信息，多数情况下是量化、加总且公开发布的数据。③ 波利特(Pollitt)将绩效信息定义为"由旨在生产这些信息的系统和流程而产生的（不管是有意的还是无意的），描述公共项目和组织的产出与结果的系统性信息"④。

政府绩效信息以定量为主，一些学者甚至认为只有量化数据才是政府绩效信息。如阿希姆(Askim)将其定义为："关于城市公共服务提供结果的数值信息或指标，如效率、质量或案件处理时间等。这些信息可以来自市政府自我检查，如用户调查，也可以来自其他计算方式或公共数据库。"⑤

---

① Moynihan D. P., *The Dynamics of Performance Management: Constructing Information and Reform*, Washington DC: Georgetown University Press, 2008.
② Van Dooren W., Van de Walle S., eds, *Performance Information in the Public Sector: How it is Used*, Houndmills: Palgrave, 2008.
③ Kroll A., "Drivers of performance information use: Systematic literature review and directions for future research", *Public Performance & Management Review*, 2014, forthcoming.
④ Pollitt C., "Performance information for democracy: The missing link?" *Evaluation*, 2006, 12 (1): 38-55.
⑤ Askim J., "How do politicians use performance information? An analysis of the norwegian local government experience", *International Review of Administrative Sciences*, 2007, 73 (3): 453-472.

但是，除了政府自身产生的绩效信息外，政府以外的利益相关者也在产生大量绩效信息。因此，政府绩效信息既包括绩效监测系统产生的数据，也包括组织内外的绩效审计、评估和其他评审所产生的绩效信息。① 罗杰斯（Rogers）和莱特（Wright）提出了"绩效信息市场"的概念，认为利益相关者都在制造和传播大量绩效信息，旨在争夺其他利益相关者的注意力。②

二、政府绩效信息的来源

对政府绩效信息的理解一般分为狭义和广义两种，从上文的分析可以看到，狭义的政府绩效信息特指政府绩效评估和管理系统产生的绩效数据，而广义的政府绩效信息则包括政府外部其他来源的绩效数据。城市政府之间的标杆管理、公民调查、咨询公司和非营利组织的评估与排名等，都在制造越来越多的政府绩效信息。

从狭义的政府绩效信息而言，政府自身及其制衡机构都开发了许多绩效信息系统。首先，政府自身建立的绩效评估系统会定期收集各方面的绩效数据，从而为管理者使用提供了便利。例如，美国联邦政府部门依据1993年颁布的《政府绩效与结果法案》(GPRA)，需要制作和发布各类绩效报告，它们就是典型的政府绩效信息。其次，政府开展的公共项目和公共政策评估活动也在产生大量的评估报告，这些信息都为管理者和公民的使用提供了条件。比如，美国联邦政府开展的项目评估定级工具（PART）就对数以万计的联邦项目和计划的绩效打分，为监测其绩效

---

① Pollitt C., "Performance information for democracy: The missing link?" *Evaluation*, 2006, 12 (1):38－55.
② Rogers E. W., Wright P. M., "Measuring organizational performance in strategic human resource management: Problems, prospects and performance information markets", *Human Resource Management Review*, 1998, 8 (3):311－331.

动态并问责创造机会。① 再次,审计署和政府委托的审计机构都会开展绩效审计,形成的审计报告也会包括大量绩效数据。例如,英国审计署对地方政府实施的最佳价值(best value)和综合绩效评估(comprehensive performance assessments,CPA)产生了持续性的绩效数据。② 最后,越来越多的预算和决算报告也将绩效指标纳入其中,从而为议会审议提供了绩效参照③。

广义而言,政府以外的绩效信息也有多种来源和途径。组织报告卡是一种非常重要的绩效信息来源,它指"组织的一种常规努力,即收集有关两个及以上其他组织的数据,将这些数据转化为用于评估绩效的信息,并将这些信息向组织的外部受众传播"④。典型的例子包括教育部门披露的中小学校升学率的信息,卫生部门发布的医院就诊人数和死亡率等的数据。

值得关注的是,第三方或政府绩效外部评估的崛起,正在改变政府绩效信息的生产模式,使政府绩效信息的来源日益多样化⑤⑥⑦。包括咨询公司、新闻媒体、学术机构和国际组织等在内的外部监督组织,都在开展面向政府整体及其各个方面的绩效评估和排名,它们产生的绩效信息

---

① Moynihan D. P., Lavertu S., "Does involvement in performance management routines encourage performance information use? Evaluating GPRA and PART", *Public Administration Review*, 2012, 72 (4): 592 - 602.

② Boyne G. A., James O., John P., "Democracy and government performance: Holding incumbents accountable in english local governments", *The Journal of Politics*, 2009, 71 (4): 1273 - 1284.

③ Melkers J., Willoughby K., "The state of the states: Performance-based budgeting requirements in 47 out of 50", *Public Administration Review*, 1998, 58 (1): 66 - 73.

④ Gormley W. T., Jr., Weimer D. L., *Organizational Report Cards*, Cambridge, M. A.: Harvard University Press, 1999.

⑤ 马亮、于文轩:《第三方公共服务绩效评价的评价:一项比较案例研究》,载《南京社会科学》2013 年 5 期,第 55—63 页。

⑥ 马亮:《城市排行榜:流行、问题与展望》,载《甘肃行政学院学报》2013 年第 3 期,第 24—35 页。

⑦ Yu W., Ma L., "External government performance evaluation in China: Evaluating the evaluations", 2013 Lien conference on public administration "Public Service Delivery and Evaluation: International Perspectives", Nanyang Technological University, Singapore, 2013.

经媒体报道后,会对政府和公众产生直接或间接的影响。

上述绩效信息都是常规、系统收集的正式信息,但是还有许多非常规、非系统收集的非正式信息,比如公民的投诉和反馈、议员的提案和报告,以及同公务员的口头交流等。① 克罗尔指出,绩效信息就是"提供有关公共管理工作的反馈信息",因此它既可以是常规性的(routine),也可以是非常规性的(nonroutine)。除了常规的绩效信息以外,管理者还通常依赖非常规的绩效信息,如公民抱怨、议员质询、媒体批评等(如表 10.1 所示)。② 常规绩效信息只是反馈信息的一种,它通常需要事先设定绩效目标和指标,并通过正式的数据收集、汇总和报告等环节,最终形成绩效报告。非常规的绩效信息则往往是出乎预料地出现的,管理者不得不被动地接受。

表 10.1 常规与非常规的政府绩效信息之间的比较

比较项目	常规绩效信息	非常规绩效信息
生产模式	有规律地收集; 建立在预设的指标上 (控制循环逻辑)	偶尔收集; 通常不是主动追求 而是被动接受的
格式	通常是量化和汇总的(硬数据)	通常是质性的、丰富的(软资讯)
传播方式	透明的(正式报告)	通过各种媒介渠道
来源举例	遵循结果导向的管理 逻辑而产生的各种报告	内部或外部的各种来源, 如文件资料、书面质询、 正式会议、私下交谈
主要类型	绩效报告	外部反馈、内部交谈、文件资料
使用率	低	高

资料来源:修改自 Kroll (2013)③。

---

① Ter Bogt H. J. , "Politicians in search of performance information? Survey research on dutch aldermen's use of performance information", *Financial Accountability & Management*, 2004, 20 (3):221-252.
② Kroll A. , "The other type of performance information: Nonroutine feedback, its relevance and use", *Public Administration Review*, 2013, 73 (2):265-276.
③ Kroll A. , "The other type of performance information: Nonroutine feedback, its relevance and use", *Public Administration Review*, 2013, 73 (2):265-276.

从内部人/外部人的视角,可以将非常规的绩效信息分为内部来源和外部来源。① 内部来源通常是建立在彼此信任基础上的非正式信息交流,它为组织成员判断和决策提供了更加丰富和质化的信息。公民、顾客、政治家、媒体、压力集团等利益相关者通常会向政府发出各种口头或书面的信息,它们也构成了管理者使用绩效信息的重要来源。研究发现,管理者会综合使用常规和非常规的绩效信息,二者并非相互排斥或相互取代的关系,而是可以相互补充。不同类型的绩效信息会受到不同因素的影响,这表明绩效信息类型对其使用状况至关重要。②

三、政府绩效信息的属性

政府绩效信息并非中性或价值无偏的,它往往反映了政府内部与外部的权力结构,并成为某些人借以产生政治影响的工具。③ 不同来源的绩效信息并非同质化的,它们在许多方面都表现出极大的差异。我们可以从许多维度,如绩效维度(产出、结果、效率和效果)、绩效内容(财务和非财务信息)、数据来源(内部和外部)、数据类型(定量和定性)、客观性(客观的档案信息和主观的感知信息)、格式(口头、书面和多媒体)等,对政府绩效信息进行分类,并可以据此对政府绩效信息的属性予以考察。例如,有研究显示政府绩效信息较少被使用的原因是绩效报告冗长乏味,而预算决策过程费时耗力,使绩效信息的价值大打折扣。④ 还有研究发现,财务类绩效信息对绩效评估和资源配置决策的影响较强,而非财

---

① Kroll A., "The other type of performance information: Nonroutine feedback, its relevance and use", *Public Administration Review*, 2013, 73 (2): 265 – 276.
② Kroll A., "The other type of performance information: Nonroutine feedback, its relevance and use", *Public Administration Review*, 2013, 73 (2): 265 – 276.
③ Van de Walle S., Van Dooren W., "How is information used to improve performance in the public sector? Exploring the dynamics of performance information", in Walshe K., Harvey G., Jas P., eds., *Connecting Knowledge and Performance in Public Services: From Knowing to Doing*, Cambridge: Cambridge University Press, 2010: 33 – 54.
④ Raudla R., "The use of performance information in budgetary decision-making by legislators: Is estonia any different?" *Public Administration*, 2012, 90 (4): 1000 – 1015.

务类绩效信息的影响则并不明显。①

尽管信息的属性至关重要,但已有文献却少有涉及。不过,相关领域的研究为我们理解绩效信息的属性和特征提供了启迪。关于组织信息处理和管理决策的研究发现,信息的数量、质量、重要性、内容、格式和可信度等都会影响它们的可用性和效用。② 关于会计的研究表明,会计信息对管理者的有用性体现在多个方面,如信息是否相关、有意义、重要和有益,信息的格式是否模糊或可读,信息的准确性如何,信息是否是量化的,信息是反映当前还是过去的情况。③ 关于评估的研究显示,评估报告是否同使用者的需求息息相关,评估报告的格式、风格、可读性和易懂性,以及评估报告的可信度,都是影响其效用和使用情况的关键因素。④⑤ 对组织报告卡的分析发现,可以从全面性、相关性、效度、合理性、易懂性、功能性等方面对其质量进行评价。⑥ 更为重要的是,如果将利益相关者使用政府绩效信息视为知识或创新的采用或扩散的话,那么可以借鉴其对创新属性或特征的分类,如成本、竞争优势、兼容性和影响力等。⑦

马亮和于文轩开发了一套政府绩效信息属性框架,旨在刻画不同来

---

① Reck J. L., "The usefulness of financial and nonfinancial performance information in resource allocation decisions", *Journal of Accounting and Public Policy*, 2001, 20(1):45-71.
② O'Reilly C. A., "The use of information in organizational decision making: A model and some propositions", *Research in Organizational Behavior*, 1983, 5(1):103-139.
③ Larcker D. F., "The perceived importance of selected information characteristics for strategic capital budgeting decisions", *The Accounting Review*, 1981, 56(3):519-538.
④ Leviton L. C., Hughes E. F. X., "Research on the utilization of evaluations: A review and synthesis", *Evaluation Review*, 1981, 5(4):525-548.
⑤ Cousins J. B., "Utilization effects of participatory evaluation", in Kellaghan T., Stufflebeam D., eds., *International Handbook of Educational Evaluation*, Netherlands Springer, 2003:245-265.
⑥ Gormley W. T., Jr., Weimer D. L., *Organizational Report Cards*, Cambridge, M. A.: Harvard University Press, 1999.
⑦ Rogers E. M., *Diffusion of Innovations*, New York: Free Press, 2003.

源和类型的政府绩效信息及其对管理者使用的影响。① 他们将政府绩效信息的属性分为效度和信度、全面性、相关性、透明与公开性、可理解性、成本、激励等七个属性,为未来研究提供了可资借鉴的框架。

第三节　政府绩效信息的使用特征

一、政府绩效信息的使用主体

谁是政府绩效信息的消费者或目标群体?谁在使用政府绩效信息?显然,政府绩效信息一经产生和公开,就可以被所有人和组织使用。但是,该领域的主流研究主要关注公共管理者如何使用政府绩效信息,因为他们是最有可能使用的群体,也是绩效管理运动最期望的对象。② 不过,政府绩效信息并没有像绩效管理改革者们所期望的那样得到有效使用,相反,大多数情况下它们都只是被有限地使用。③

更为重要的是,我们还需要研究其他关键行动者对政府绩效信息的使用,如政治家、公民、媒体、学术界等。波利特指出,部长、议会和公民是政府绩效信息的终极使用者(end user),而项目经理、高级官员和服务供应商等其他利益相关者只能属于"中间商"(middleman)。政府绩效信息使用不只是技术上的问题,更根本的是民主体制的问题。政府绩效信息使用必须为民主体制的有效运转提供支撑,否则它的意义和价值都将大打折扣。④ 由此可见,未来研究需要拓展研究视野,进一步研究政治家

---

① Yu W., Ma L., "Conflicting performance information and its strategic use in government", World Conference for Public Administration (WCPA) "Public Administration & Happiness: Policy Management and Politics from the Global Perspectives", Daegu, Korea, 2014.
② Kroll A., "Drivers of performance information use: Systematic iterature review and directions for future research", Public Performance & Management Review, 2014, forthcoming.
③ Moynihan D. P., "Managing for results in state government: Evaluating a decade of reform", Public Administration Review, 2006, 66 (1): 77-89.
④ Pollitt C., "Performance information for democracy: The missing link?" Evaluation, 2006, 12 (1): 38-55.

和公民等群体使用政府绩效信息的情况及其影响因素。①②

二、政府绩效信息的使用目的与动因

不同利益相关者使用绩效信息的目的是不同的,只有认清了使用目的,才能对使用状况有更准确的判断。德兰瑟·朱尔尼斯(de Lancer Julnes)和霍哲(Holzer)认为,绩效信息使用的目的包括战略规划、资源配置、项目管理、监督、评估以及向内部管理层、选任官员、公民和媒体等报告。③ 本恩将绩效测量的目的分为八种:评估、控制、预算、激励、鼓舞、庆祝、学习和改进。④ 值得关注的是,范·多伦等总结了44种绩效管理目的,足见绩效管理目标的多维度。⑤

关于评估的研究发现,评估的使用目的可以分为三种:工具性(instrumental)利用,即为了决策或解决问题而使用评估结果;概念性(conceptual)使用,即评估结果影响了决策者对某个问题的认识和思维,但是并没有具体和直接地利用;劝服性或象征性(persuasive/symbolic)使用,即利用评估证据以试图劝说其他人支持某项政治动议或反击某个政治攻击。⑥ 当然,这些目的之间并非互斥的,而是存在某种重叠性。

上述主要探讨的是管理者或决策者使用政府绩效信息的不同目的,

---

① Askim J. ,"How do politicians use performance information? An analysis of the norwegian local government experience", *International Review of Administrative Sciences*, 2007, 73 (3):453 - 472.

② James O. ,"Performance measures and democracy: Information effects on citizens in field and laboratory experiments", *Journal of Public Administration Research and Theory*, 2011, 21 (3):399 - 418.

③ De Lancer Julnes P. , Holzer M. , "Promoting the utilization of performance measures in public organization: An empirical study of factors affecting adoption and implementation", *Public Administration Review*, 2001, 61 (6):693 - 708.

④ Behn R. D. ," Why measure performance? Different purposes require different measures", *Public Administration Review*, 2003, 63 (5):586 - 606.

⑤ Van Dooren W. , Bouckaert G. , Halligan J. , *Performance Management in the Public Sector*, London: Routledge, 2010.

⑥ Leviton L. C. , Hughes E. F. X. ,"Research on the utilization of evaluations: A review and synthesis", *Evaluation Review*, 1981, 5 (4):525 - 548.

实际上其他利益相关者使用绩效信息的目的也不同。波利特指出,公民、政府官员和议员使用政府绩效信息的目的各不相同。① 部长们频繁使用绩效信息的目的充满管理色彩,主要是为了引导部门和项目并考虑某个项目的可持续性。议员主要代表选民,通过绩效信息使政府部门接受问责,其关注受争议的问题更可能受党派左右。公民使用绩效信息的目的较为多元,既可能是为了使政府接受问责,也可能是为了自身的利益,如择校或求医时确定服务质量。

三、政府绩效信息的使用方式

政府绩效信息的使用方式存在诸多不同,目前的研究发现了一些类型,但仍然有待于深化。摩尼汉等将绩效信息使用分为四类:消极被动的(passive)使用,指管理者在绩效评估的压力下消极应付外部要求,实际上很少使用绩效信息;有意义的(purposeful)使用,即管理者为了改进项目和组织绩效而使用绩效信息;政治性的(political)使用,指为了达到政治目的而使用绩效信息,以树立自身的政治地位并应对政治挑战;不正当的(perverse)使用,指弄虚作假以美化绩效信息,从而达到预期的激励目的。②

最近的欧洲跨国调查将绩效信息使用分为内部使用和外部使用,并考察了它们的不同影响因素。③ 就内部而言,绩效信息可以用于检测内部运转情况并改进组织绩效。就外部而言,绩效信息主要服务于同外部沟通以建立和维护组织的形象、声誉和合法性。研究显示,高层管理者

---

① Pollitt C.,"Performance information for democracy: The missing link?" *Evaluation*, 2006, 12 (1):38-55.
② Moynihan D. P., Pandey S. K., Wright B. E.,"Prosocial values and performance management theory: Linking perceived social impact and performance information use", *Governance*, 2012, 25 (3):463-483.
③ Hammerschmid G., Van de Walle S., Stimac V.,"Internal and external use of performance information in public organisations: Results from an international executive survey", *Public Money and Management*, 2013, 33 (4):261-268.

主要是内部使用绩效信息，外部使用的程度较低。高洁对广东省地方政府官员使用第三方政府绩效信息（公民满意度调查）的特征与关键因素进行了研究，发现政府绩效信息"主要用于两个方面：市领导使用这些信息来支持既有改革和调整政策投入，而主管改革的部门官员则使用这些信息来改善公共服务"①。

此外，政府绩效信息在不同阶段的使用方式及程度也可能不同。阿希姆发现，挪威议员在不同决策阶段和不同政策领域对政府绩效信息的使用程度不同。他将使用分为决策前（议程设置和方案搜寻）、决策中和决策后（控制政策执行）三个阶段，发现议员在不同阶段对不同绩效信息的依赖程度不同。②

第四节 政府绩效信息（不）使用的影响因素

政府绩效评估产生了大量绩效信息，如果得不到充分使用，绩效评估效果将大打折扣。有关政府绩效信息的核心研究问题是：人们为什么使用或不使用政府绩效信息？只有回答了这个问题，才能真正理解政府绩效信息使用的逻辑和机制，并提出有针对性的对策建议，为提升政府绩效信息使用程度和效果指明方向。目前的大量研究都是围绕政府绩效信息使用的影响因素展开的。绩效信息使用可以被视为一种组织行为，管理者对其有自由裁量权，可以使用、不使用或有选择地使用，而他们的选择通常受到个人信念、工作属性、组织因素和外部环境因素等的

---

① Gao J. , "How does Chinese local government respond to citizen satisfaction surveys? A case study of Foshan city", *Australian Journal of Public Administration*, 2012, 71（2）:136 - 147.
② Askim J. , "How do politicians use performance information? An analysis of the Norwegian local government experience", *International Review of Administrative Sciences*, 2007, 73（3）:453 - 472.

影响。①②

一、个人因素

管理者的个人特征会影响其是否使用绩效信息。首先,管理者的人口统计特征(如性别、年龄、教育水平与背景等)会影响其对绩效信息的判断,进而影响其使用程度。比如,有研究显示学历较高的管理者更少使用绩效信息,因为他们会有其他更丰富的信息渠道。③ 管理者的工作职位与经历也会影响其对绩效信息的利用。相对来说,职位较高的管理者更可能使用绩效信息,而有较长私营部门工作经历的管理者对绩效信息的使用也较多。④

政治家的个人因素也会对其是否及如何使用绩效信息产生影响。挪威的研究显示,前座议员比后座议员更积极地搜索绩效信息,学历越高的议员越少依赖绩效信息,而资历越浅的议员越依赖于绩效信息。⑤ 有研究发现,在养老护理、行政事务和教育事务等领域的议员对政府绩效信息的使用较多,而在文化事务、技术服务、规划和商业发展等领域的

---

① Moynihan D. P., Pandey S. K., "The big question for performance management: Why do managers use performance information?" *Journal of Public Administration Research and Theory*, 2010, 20 (4): 849-866.
② Kroll A., "Drivers of performance information use: Systematic literature review and directions for future research", *Public Performance & Management Review*, 2014, forthcoming.
③ Hammerschmid G., Van de Walle S., Stimac V., "Internal and external use of performance information in public organisations: Results from an international executive survey", *Public Money and Management*, 2013, 33 (4): 261-268.
④ Hammerschmid G., Van de Walle S., Stimac V., "Internal and external use of performance information in public organisations: Results from an international executive survey", *Public Money and Management*, 2013, 33 (4): 261-268.
⑤ Askim J., "The demand side of performance measurement: Explaining councillors' utilization of performance information in policymaking", *International Public Management Journal*, 2009, 12 (1): 24-47.

议员则使用较少。① 对爱沙尼亚立法委员的研究也表明,经验丰富的"老手"很少使用政府绩效信息,而初出茅庐的"新手"则会在预算决策时大量使用。②

从深层次的角度而言,管理者的主观意识与态度会影响其使用政府绩效信息的情况。当管理者相信绩效评估的价值和影响时,他们就会更多地使用绩效信息。③ 还有研究发现,公共服务动机(即对投身公共事务、无私奉献和自我牺牲等的认知)同政府绩效信息使用正相关。④ 德国地方政府的调查发现,公共管理者的公共服务动机会对政府绩效信息使用产生积极影响,而变革型领导会调节二者关系。换句话说,只有当管理者的动机同领导风格相匹配时,政府绩效信息才能得到最大程度的使用。⑤ 还有研究显示,组织成员的亲社会倾向会越高,即其感知到的工作的社会影响越大,则会同时提升绩效信息在内部的组织性使用(如改进绩效)和在外部的政治性使用(如获得政治支持)。⑥

二、组织因素

管理者所处的组织状况会影响其是否使用绩效信息,如组织规模、任务类型、组织文化、组织资源与能力以及组织领导的支持等。有研究

---

① Askim J., "How do politicians use performance information? An analysis of the Norwegian local government experience", *International Review of Administrative Sciences*, 2007, 73(3):453 – 472.
② Raudla R., "The use of performance information in budgetary decision-making by legislators: Is estonia any different?" *Public Administration*, 2012, 90 (4):1000 – 1015.
③ Taylor J., "Factors influencing the use of performance information for decision making in Australian state agencies", *Public Administration*, 2011, 89 (4):1316 – 1334.
④ Moynihan D. P., Pandey S. K., "The big question for performance management: Why do managers use performance information?" *Journal of Public Administration Research and Theory*, 2010, 20 (4):849 – 866.
⑤ Kroll A., Vogel D., "The PSM - Leadership fit: A model of performance information use", *Public Administration*, 2013:63.
⑥ Moynihan D. P., Pandey S. K., Wright B. E., "Prosocial values and performance management theory: Linking perceived social impact and performance information use", *Governance*, 2012, 25 (3):463 – 483.

显示,当个人因素和组织因素同时代入模型时,个人因素的影响减弱直至不显著,而组织因素的影响则依然很强。① 由此表明,组织因素是影响管理者使用政府绩效信息的关键因素。

已有研究发现,组织文化是影响政府绩效信息使用的关键因素,其中发展型文化比团体型或科层型文化更有利于政府绩效信息使用。②③ 还有研究发现,当组织资源和能力较强时,它们处理绩效信息的效率更高,也更有可能使用绩效信息。由于绩效信息使用是绩效管理的环节之一,绩效管理系统的设计与实施会对政府绩效信息使用产生不容忽视的影响。④ 美国的研究表明,管理者如果深入参与绩效评估,那么他们使用绩效信息的可能性会更大。⑤

领导支持对于政府绩效信息使用具有重要的作用,但是其影响可能是间接的。研究显示,变革型领导通过目标明确和组织文化而对管理者的政府绩效信息使用产生间接影响。⑥

三、环境因素

政府绩效信息使用很大程度上还受制于外部环境的影响,资源稀缺

---

① Hammerschmid G., Van de Walle S., Stimac V., "Internal and external use of performance information in public organisations: Results from an international executive survey", *Public Money and Management*, 2013, 33 (4): 261-268.
② Moynihan D. P., Pandey S. K., "The big question for performance management: Why do managers use performance information?" *Journal of Public Administration Research and Theory*, 2010, 20 (4): 849-866.
③ Taylor J., "Factors influencing the use of performance information for decision making in Australian state agencies", *Public Administration*, 2011, 89 (4): 1316-1334.
④ Taylor J., "Factors influencing the use of performance information for decision making in Australian state agencies", *Public Administration*, 2011, 89 (4): 1316-1334.
⑤ Moynihan D. P., Lavertu S., "Does involvement in performance management routines encourage performance information use? Evaluating GPRA and PART", *Public Administration Review*, 2012, 72 (4): 592-602.
⑥ Moynihan D. P., Pandey S. K., Wright B. E., "Setting the table: How transformational leadership fosters performance information use", *Journal of Public Administration Research and Theory*, 2012, 22 (1): 143-164.

与合法性危机、政治竞争、政治支持和利益相关者的参与等都会影响政府绩效信息使用。德兰瑟·朱尔尼斯和霍哲区分了理性/技术方面的因素与政治/文化方面的因素，认为它们对政府绩效信息使用会产生不同影响。[1] 他们发现，内部的资源和信息有利于管理者使用绩效信息，而外部利益集团的压力和要求也可能会推动政府绩效信息使用。

利益相关者的参与会深刻影响政府绩效信息使用。[2] 对美国得克萨斯州校长的研究表明，利益相关者的影响力、同利益相关者的密切联系以及对外部伙伴关系的依存度都是绩效信息使用的关键驱动因素。[3] 印度尼西亚的研究发现，外部利益相关者的权力及对组织的不同诉求，在很大程度上形塑了政府绩效指标设计和信息使用的方向。由于这种权力斗争和利益冲突，绩效信息使用流于形式而很难实现其预期功能。[4] 荷兰水务系统的研究显示，市场竞争的激励效应是公共部门使用标杆管理信息的关键因素，但披露绩效结果以接受公众监督并推动内务部利益相关者的参与，也有助于标杆管理信息的使用。[5]

---

[1] De Lancer Julnes P., Holzer M., "Promoting the utilization of performance measures in public organization: An empirical study of factors affecting adoption and implementation", *Public Administration Review*, 2001, 61 (6):693-708.

[2] Taylor J., "Factors influencing the use of performance information for decision making in Australian state agencies", *Public Administration*, 2011, 89 (4):1316-1334.

[3] Moynihan D. P., Hawes D. P., "Responsiveness to reform values: The influence of the environment on performance information use", *Public Administration Review*, 2012, 72 (s1):95-105.

[4] Mimba NPSH, Van Helden G. J., Tillema S., "The design and use of performance information in Indonesian local governments under diverging stakeholder pressures", *Public Administration and Development*, 2013, 33 (1):15-28.

[5] Tillema S., "Public sector organizations' use of benchmarking information for performance improvement: Theoretical analysis and explorative case studies in Dutch water boards", *Public Performance & Management Review*, 2007, 30 (4):496-520.

第五节 政府绩效信息使用的结果与影响

一、绩效反馈、组织学习与绩效改进

政府绩效信息使用的结果与影响可以表现在许多方面,既有正面的绩效改进效应,也可能产生负面的绩效紊乱结果。已有的多数研究都是通过问卷调查了解管理者和政治家对政府绩效信息的使用情况,但这些自报数据有可能得出与实际使用情况不符的结果。越来越多的研究考察绩效信息同资源配置、预算决策、选举支持等实际结果的关系,以考察绩效信息使用的实际影响。①②

绩效预算是政府绩效信息的主要领域,但问题在于绩效信息与预算决策这二者之间的联系并不密切。摩尼汉指出,如果从绩效信息融入预算的角度来看,绩效管理的功效有限;但如果从政府部门和公共管理者的角度来看,政府绩效信息使用状况则较好。③ 组织在绩效信息中学习,但是组织的反应受到其绩效期望的影响,即组织会将其绩效同自己的历史绩效和同类组织的绩效进行比较,然后才会做出调整。④ 相对来说,组织更可能对负面绩效信息做出反应,并对管理者的优先权(如目标任务的轻重缓急)做出调整以进行绩效改进。

---

① Lee J., Fisher G., "The perceived usefulness and use of performance information in the Australian public sector", *Accounting, Accountability & Performance*, 2007, 13 (1): 42-73.
② Zaltsman A., "The effects of performance information on public resource allocations: A study of Chile's performance-based budgeting system", *International Public Management Journal*, 2009, 12 (4): 450-483.
③ Moynihan D. P., "Goal-based learning and the future of performance management", *Public Administration Review*, 2005, 65 (2): 203-216.
④ Nielsen P. A., "Learning from performance feedback: Performance information, aspiration levels, and managerial priorities", *Public Administration*, 2014, 92 (1): 142-160.

对英国地方政府的调查发现,公民会使用政府披露的绩效信息而对官员进行问责。政府绩效的高低同选民对政治家的支持率呈显著正相关关系,特别是存在选民惩罚绩效低下的政治家的现象。[1][2] 由此可见,公民对绩效信息的使用能够实现绩效民主,进而达到绩效问责与治理的目的。[3]

二、绩效信息使用的负面影响

政府绩效信息使用不是非此即彼的使用或不使用,而是一个可以有许多取值范围的连续体(spectrum)。政府绩效信息使用似乎面临一个两难境地。一方面,完全不使用或很少使用,政府绩效测量的努力将白费,政府投入的大量财力、人力和物力都无法得到有效利用,而这也是政府绩效信息使用研究者所关注的关键问题。但另一方面,政府绩效信息的过度使用、滥用或误用,则可能导致产生许多意想不到的负面影响。[4] 例如,高赌注(high stake)的政府绩效评价可能决定被评价者的"命运",它使被评价者有强力的激励(high-powered incentive)去影响评价过程和结果。在这种压力下,被评价者可能选择弄虚作假或欺上瞒下,从而违背了绩效评价的初衷。如何在二者中谋求适度的平衡或者寻找一个较为合理的落脚点,是政府绩效信息使用研究需要回答的关键问题之一。相对来说,有关绩效

---

[1] Boyne G. A., James O., John P., "Democracy and government performance: Holding incumbents accountable in English local governments", *The Journal of Politics*, 2009, 71(4): 1273 – 1284.

[2] James O., John P., "Public management at the ballot box: Performance information and electoral support for incumbent English local governments", *Journal of Public Administration Research and Theory*, 2007, 17(4): 567 – 580.

[3] James O., "Performance measures and democracy: Information effects on citizens in field and laboratory experiments", *Journal of Public Administration Research and Theory*, 2011, 21(3): 399 – 418.

[4] Van Thiel S., Leeuw F. L., "The performance paradox in the public sector", *Public Performance and Management Review*, 2002, 25(3): 267 – 281.

信息使用的负面影响的研究较少,而且多数都是理论探讨或者个案分析,尚缺少较为系统的量化分析。

第六节 理论整合与研究展望

一、一个整合的理论框架

在信息时代,信息爆炸导致的信息泛滥在一定程度上分散了人们对信息的注意力以及信息处理能力。同样,政府绩效运动问世以来大量涌现的政府绩效信息也为公民、政治家和公共管理者提供了前所未有的信息海洋。① 但令人诧异的是,学者们对政府绩效信息使用状况及其影响因素的理解却远未令人满意。基于已有的研究状况,本章提出如下一个有待拓展和实证检验的理论框架,以利于政府绩效信息使用的未来研究。考察政府绩效信息使用需要破解许多基本问题,具体来说包括如下议题。

1. 使用什么(what)?不同来源、类型、特征和属性的政府绩效信息会对潜在使用者产生不同的影响,而进一步细化这些信息的差异及其作用,是值得关注的研究方向。在这方面,开发一系列衡量和比较政府绩效信息之间差异的框架和模型,可能有助于实证研究的开启。

2. 谁在使用(who)?包括管理人员、政治家和公民等在内的利益相关者,既是政府绩效信息的来源,也是政府绩效信息的潜在使用者。未来研究需要拓宽研究范围,考察管理者以外的其他利益相关者如何使用绩效信息。即便是针对管理者群体,也要考察不同层级、部门和岗位的管理者在使用政府绩效信息方面的差异。

---

① Yu W., Ma L., "Conflicting performance information and its strategic use in government", World Conference for Public Administration (WCPA) "Public Administration & Happiness: Policy Management and Politics from the Global Perspectives", Daegu, Korea, 2014.

3. 为什么使用,为什么不使用(why-why not)？不同利益相关者对政府绩效信息往往具有不同的目的和诉求,而这些目的上的差异又会直接或间接影响政府绩效信息使用的方式和结果。因此,有必要对政府绩效信息使用的目的展开更深入的研究,以揭示使用目的之间的差异及其效应。

4. 如何使用,何时使用,在哪里使用(how-when-where)？政府绩效信息的使用方式有许多种,在不同领域、场合和阶段的使用情况也有所不同。这些使用类型和方式上的差异,会受到不同变量的影响,并会产生截然不同的结果和影响。

5. 哪些因素影响使用(what-why-how)？包括宏观和组织环境因素、组织因素、个人因素等在内的许多因素都会影响政府绩效信息使用,而这些因素之间又会交互作用,产生更为复杂的互动效应。已有的大量研究都围绕该问题进行研究,但仍然有必要深入,以揭示不同利益相关者为了不同目的而使用不同政府绩效信息的影响因素。

6. 使用后的结果和影响是什么(what-why-how)？政府绩效信息使用并非结果,使用后产生的结果和影响才是最值得关注的领域。绩效信息使用有利于绩效反馈与绩效改进,并为强化组织学习提供支撑。但是,绩效信息的误用和滥用也可能产生许多负面影响,而对这些也需要加强研究。

基于上述议题的讨论,我们提出一个整合的理论框架,以考察政府绩效信息使用的诸多因素之间的相互影响和作用关系,并将其他权变因素纳入分析(如图 10.2 所示)。本章认为,该框架可以作为考察政府绩效信息使用的前因、过程与后果的主要依据。

二、未来研究展望

克罗尔对政府绩效信息使用的综述认为,未来研究应该重视分析变量之间的间接和权变效应,关注潜在信息使用者的角色,考察不同类型

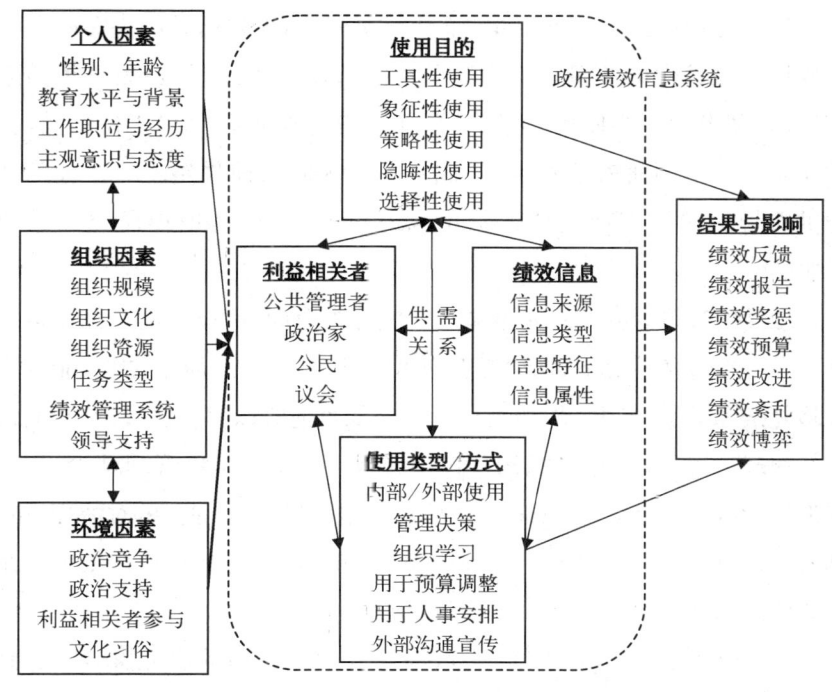

图 10.2 政府绩效信息使用的理论框架

的绩效信息及其影响,关注绩效信息使用与绩效改进的关系,以及开展更多的实验研究。① 结合上文分析,我们认为以下方面是值得未来研究予以关注的方向。

1. 与其他领域的文献建立联系并拓展理论视角。政府绩效信息研究并非局限于公共管理学科,还可以从组织信息处理、管理决策支持、会计信息使用、评估信息使用、知识传播与科学应用、创新采用与扩散、循证医学等其他学科和领域获取理论养分。更为重要的是,这些对一般信息的研究可以被用于对绩效信息利用的研究,从而丰富已有的文献。

---

① Kroll A., "Drivers of performance information use: Systematic literature review and directions for future research", *Public Performance & Management Review*, 2014, forthcoming.

绩效管理包括绩效的测量、整合与使用,而绩效信息的供需匹配与市场均衡是其中的关键。① 早期研究想当然地认为,只要提供了绩效信息,管理者们就会使用。但是,在供给与需求之间存在明显的鸿沟,往往是供给过剩而需求不足,又或者是需求旺盛而供给不足。如何匹配供给与需求并实现绩效信息市场的均衡,显然是值得研究的重要议题。②

理性的决策者并非只是遵循理性的行为取向,而有可能选择采取政治取向。在这种情况下,绩效信息使用就并非线性的简单过程,而变得日趋复杂和动态。③ 因此,既有的理论框架可能难以解释这些现象,而需要新的理论视角,如意义建构理论(sensemaking)、印象管理理论、制度理论等,都可能有助于对政府绩效信息使用的研究。④ 此外,对博弈论和逃避责任等的研究,也提供了解释管理者和政治家为什么使用或不使用绩效信息的理论依据。⑤

2. 政府信息公开、大数据与政府绩效信息使用的研究整合。云计算、大数据、社交媒体等新一代信息技术的普及,为政府创造性地收集、处理、存储和使用绩效信息提供了可能。比如,智慧城市就是指汇聚和管理各种有关城市发展的数据并支持智能决策的系统。过去的政府绩

---

① Van Dooren W., Bouckaert G., Halligan J., *Performance Management in the Public Sector*, London: Routledge, 2010.

② Van de Walle S., Van Dooren W., "How is information used to improve performance in the public sector? Exploring the dynamics of performance information", in Walshe K., Harvey G., Jas P., eds., *Connecting Knowledge and Performance in Public Services: From Knowing to Doing*, Cambridge: Cambridge university press, 2010: 33–54.

③ Moynihan D. P., Fernandez S., Kim S., "Performance regimes amidst governance complexity", *Journal of Public Administration Research and Theory*, 2011, 21 (suppl 1): i141–i155.

④ Yu W., Ma L., "Conflicting performance information and its strategic use in government", World Conference for Public Administration (WCPA) "Public Administration & Happiness: Policy Management and Politics from the Global Perspectives", Daegu, Korea, 2014.

⑤ Nielsen P. A., Baekgaard M., "Performance information, blame avoidance, and politicians' attitudes to spending and reform: Evidence from an experiment", *Journal of Public Administration Research and Theory*, 2013.

效评估往往是每年或每季度进行，而新兴技术可以实时监测绩效并汇聚数据。当海量的绩效数据产生后，管理者和公民如何使用它们，将成为未来政府绩效管理值得关注的重要课题。

从政府信息公开的角度而言，公开政府绩效信息对于加强公共问责和社会监督都有至关重要的作用。目前针对政府过程性信息的公开诉求越来越高，如有关政府决策、采购和招投标、预算和财政管理等方面的信息公开日益精细化，但对关于政府结果性信息的公开研究还缺乏足够重视。但是，更为重要的是公开政府的结果信息，因为许多财政投入、公共项目和公共政策最终不了了之，都是由于有关它们的结果和绩效的信息未能公开，导致社会监督乏力，从而为政府腐败和不作为提供了温床。① 未来可以研究政府绩效报告及其透明对诸多利益相关者的态度和行为的影响，以期加强人们对绩效问责的理解。

3. 政府绩效信息属性、冲突与使用的研究。已有研究发现，某些维度的信息（如结果和服务标准）使用的情况较其他维度的更低，对绩效信息的感知有用性和实际使用情况也存在差距。② 但是，目前的大量研究都假定管理者面对的是单一的绩效信息，并未考虑实际上管理者面对的是许多绩效信息。更为重要的是，这些绩效信息可能因为来源、方法和归属等方面的差异，而对政府绩效得出了截然不同乃至冲突或矛盾的结果，由此引发了管理者的使用困境。③ 比如，某项评估将某政府评为优秀，而另一项评估则将其评为较差。面对这样的绩效信息，管理者将如何决策？由于这种情况越来越普遍，对此问题的研究将深化我们对政府

---

① 马亮：《信息公开、行政问责与政府廉洁：来自中国城市的实证研究》，载《经济社会体制比较》2014年第4期，第141—154页。
② Lee J., Fisher G., "The perceived usefulness and use of performance information in the Australian public sector", *Accounting, Accountability & Performance*, 2007, 13 (1): 42-73.
③ Yu W., Ma L., "Conflicting performance information and its strategic use in government", World Conference for Public Administration (WCPA) "Public Administration & Happiness: Policy Management and Politics from the Global Perspectives", Daegu, Korea, 2014.

绩效信息使用的真实情况的理解和解释。

4. 拓展研究场域，增加国际视角。当前政府绩效信息使用研究主要集中在美国的联邦和州政府层面，对其他国家和地方政府的研究还乏善可陈。[①] 美国分权的政治体制和独特的政治文化可能不利于政府绩效信息使用，因此有关其研究的发现还有待于在其他国家进一步检验。比较而言，联邦和州政府包揽了许多政策制定职责，却很少直接提供公共服务，政治家、公共管理者和公众的距离远、互动性差；而在地方政府层面，他们之间的距离更近、互动更频繁，政府直接提供公共服务，公众也更容易辨识公共服务绩效。因此，政府绩效管理在地方政府层面的作用可能更大，也更有必要对其绩效信息利用进行研究。

更为重要的是，有鉴于政治体制和社会文化的深刻影响，应进一步加强政府绩效信息使用的跨国比较研究。例如，欧盟第七框架计划资助的研究项目"未来公共部门整合协调项目"（COCOPS）涵盖十个欧盟国家的大型公共管理改革调查，将为跨国研究提供丰富数据。[②③] 另一项研究关注韩国、马来西亚、印度、美国以及中国大陆和台湾地区等国家和地区，调查发现社会文化对绩效管理策略会产生间接影响。[④] 这些研究积累了一定的数据，但还需要开展更多的跨国和跨文化研究。此外，未来研究可以使用实验法等技术，以识别绩效信息使用的因果机制和实际

---

① Moynihan D. P. , *The Dynamics of Performance Management: Constructing Information and Reform*, Washington DC: Georgetown University Press, 2008.
② Hammerschmid G. , Van de Walle S. , Stimac V. ,"Internal and external use of performance information in public organisations: Results from an international executive survey", *Public Money and Management*, 2013, 33 (4):261 – 268.
③ 参见 http://www.cocops.eu/。
④ Berman E. , Sabharwal M. , Wang C. -Y. ,"The impact of societal culture on the use of performance strategies in east Asia: Evidence from a comparative survey", *Public Management Review*, 2013, 15 (8):1065 – 1089.

影响。①②

三、中国政府绩效信息使用的研究方向

在中国的语境下,与政府绩效信息使用密切相关的一个概念是政府绩效结果使用。③ 以自上而下的目标责任考核为例,政府文件通常会专列一章,对结果使用予以明确规定,主要涉及考核结果的使用,特别是表现为结果公开、奖励和惩罚等。中国的单一制体制赋予政府强大的权力,可以在人事、财政和资源分配等方面施加强有力的控制,而改革开放以来的财政和行政分权则进一步强化了地方政府在这方面的权力,为政府绩效结果使用提供了制度基础。④ 年度奖金扣发、末位淘汰、一票否决、人事任免、预算调整等方面的政府绩效结果使用都非常强硬,使政府绩效信息的过度使用、误用和滥用成为现实而紧迫的问题。政府绩效评价结果主要体现在人事奖惩上,而较少涉及学习和绩效改进。⑤ 相对来说,政府绩效信息用于财政和人事(资源分配和内部问责)的程度较高,但用于绩效改进和外部问责(公众参与)的程度则较低。此外,即便是在人事管理方面的使用,也因为官员任期短暂和预期的不确定性而导致流于形式的情况发生。

总体而言,政府绩效信息使用的国内研究还处于起步阶段。⑥ 朱国

---

① James O. ,"Performance measures and democracy: Information effects on citizens in field and laboratory experiments",*Journal of Public Administration Research and Theory*,2011,21(3):399-418.
② Nielsen P. A. ,"Performance management, managerial authority, and public service performance",*Journal of Public Administration Research and Theory*,2014,24(2):431-458.
③ 刘蕊、刘佳、吴建南:《中国地方政府绩效评估结果使用现状——基于德尔菲法的研究》,载《情报杂志》2009年第10期,第19—23页。
④ 马亮:《官员晋升激励与政府绩效目标设置——中国省级面板数据的实证研究》,载《公共管理学报》2013年第10卷第2期,第28—39页。
⑤ 杨宇谦、吴建南、马亮:《服务型政府与政府绩效评估体系创新——基于德尔菲调查法的发现》,载《经济社会体制比较》2011年第5期,第141—148页。
⑥ 董静:《绩效信息得到有效使用了吗?——对各国政府绩效管理效果的审视》,载《兰州大学学报:社会科学版》2014年第42卷第3期,第73—79页。

玮等对政府绩效信息的获取、使用与公开的有关问题进行了初步的理论探讨。① 信息失真和虚假是政府绩效评估面临的重要问题②,吴建南等对其原因进行了博弈分析,发现惩罚力度、检查成本和信息收集主体是其中的关键因素③。胡春萍等对政府绩效信息的来源进行了研究,考察了当前和未来中国地方政府绩效信息的主要来源。④⑤ 还有学者探讨了政府绩效信息系统的建设问题⑥以及政府绩效信息作为资源的公开、开发和共享等问题⑦⑧。此外,一些学者以政府工作报告为素材,考察了政府报告绩效的策略和影响因素。⑨⑩ 基于上述讨论,我们认为对中国政府绩效信息的研究亟待加强,特别是应借鉴国际研究的理论和方法,提炼具有中国本土特色的概念和理论,以丰富政府绩效信息使用的研究文献。

---

① 朱国玮、黄珺、汪浩:《政府绩效信息的获取、使用与公开制度研究》,载《情报科学》2005年第23卷第4期,第621—625页。
② 魏四新、郭立宏:《晋升激励下地方政府虚假绩效信息产生与治理》,载《科技管理研究》2011年第31卷第6期,第202—205页。
③ 吴建南、章磊、孟凡蓉:《政府绩效信息失真的博弈分析》,载《统计与决策》2008年第19期,第73—75页。
④ 胡春萍、孟凡蓉、华乐勤:《中国地方政府绩效评估信息来源的现状——基于德尔菲法的研究》,载《情报杂志》2009年第10期,第10—14页。
⑤ 胡春萍、吴建南、杨宇谦:《地方政府绩效评估信息来源的未来使用趋势——基于德尔菲法的研究》,载《行政论坛》2011年第18卷第3期,第39—43页。
⑥ 狄佳:《新制度经济学视角下政府绩效信息问题研究》,载《南华大学学报:社会科学版》2007年第8卷第5期,第49—51页。
⑦ 颜佳华、盛明科:《基于网络技术的政府绩效信息资源开发与共享研究》,载《电子政务》2006年第6期,第77—81页。
⑧ 盛明科、杨玉兰:《西方国家政府绩效信息资源公共获取的法制保障及其启示》,载《湘潭大学学报:哲学社会科学版》2012年第1期,第39—42页。
⑨ 朱光喜、金东日:《政府工作报告中的绩效自评估——基于2006—2010年省级政府工作报告的分析》,载《公共行政评论》2012年第3期,第113—143页。
⑩ 杨君、王珺:《地方官员政治承诺可信度及其行动逻辑——来自副省级城市政府年度工作报告(2002—2011)的经验证据》,载《中山大学学报:社会科学版》2014年第54卷第1期,第165—182页。

第十一章 第三方评估与循证管理

第一节 何谓"循证"?

新理念、新思想和新战略的提出,对于治国理政具有重要意义。但是,需要就此澄清至少三点。首先,"治国理政"不必然是宏大的、高端的,只涉及中央政府的"顶层设计",否则可能虚无化和空泛化。治国理政看似是宏大的,实则是精细的,需要"见微知著"和"以小见大"。任何政策,无论它有多么宏大,都需要落实到每一家企业和每一户家庭、每一个人,否则它就只是停留在纸面上的口号,而无法实现其预期目标。与此同时,治国理政既需要中央政府发挥主导作用,也有赖于地方政府积极能动地参与和推动。否则,不调动地方政府的积极性,就很难真正实现治国理政的整体目标。

其次,新理念、新思想和新战略未必都是全新的,而且也不应过分强调全新。创新不同于发明,我们也不需要"重复建设""另起炉灶"或"重新发明轮子"。许多创新都是"墙内开花墙外香",往往是组合式创新,不必强求每个方面都是史无前例的。因此,治国理政的"新",应该是有相对和绝对意义的区分的。我们固然要追求原创性的治国理政理念、思想和战略,不仅为中国做出贡献,而且为全人类造福,但是,如果在其他国家和地区行之有效的理念、思想、战略、实践和措施适合中国国情,那么就完全可以"拿来主义"。从这个意义上而言,"证据无国界",只要被证明是可以发挥很好效果的政策,都应该进行实验,如果真的适用就应该进一步推广。

再次,对治国理政的理念、思想和战略,都应进行预研究和评估,并遵循以证据为基础或循证的治理价值(evidence-based governance)。循证是一个医学概念,指医生诊断时不应仅靠过去在学校学到的知识,而应依据最新的临床实验证据做出最佳的决策。随机对照实验是医学研究的主要方法,但在社会援助和政策领域也得到越来越多的应用。尽管对它的挑战和批判较多,但它仍然是评判某项社会政策或计划是否以及在多大程度上奏效的"黄金标准"。治国理政也一样,因为决策者做出每个决策或者推行每项政策时,都要考虑政策背后的证据,即有没有证据证明它是有用的。比如,企业补贴研发的作用有多大?成本有多高?成本和效益是不是成比例?是不是还有更好的举措?对这些举措要比较,而且要有证据说明。

所有理念、思想和战略,都应该付诸实践并得到研究和评估,只有它的效果的确是普遍和可持续的,才可以在更大范围内推广。如果只是一个博取眼球的新点子,那么求新求异的精神固然难能可贵,但它是否能够奏效则应置于独立严谨的科学研究和评价之下。此外,所有理念、思想和战略,都应以现有研究为出发点,如果现有证据不够充分,则应资助开展新的研究和评估,以明确其效果。在这方面,需要进行系统性的研究综述,开展荟萃分析(meta-analysis),使证据汇聚并自证。

综上所述,治国理政的创新之道至少在于两个关键词:行为和循证。国家治理的关键在于,它不是高高在上的或遥不可及的,而是会影响每个人、每个家庭和每个企业的行为。如果不影响利益相关者的行为,那么政策目标就没法实现。比如,我们希望民众少开车、多锻炼、注意营养、保护环境。如果没有办法改变这些行为,就很难实现政策目标。但是,对行为的研究需要摆脱过去完全依靠问卷调查的传统方法。问卷调查帮助我们了解人的态度和意愿,但是这些和真实行为有很大差距。不断发展的大数据技术能够帮助我们追踪行为,而不只是停留在态度和意愿层面。

行为是规律性或习惯性的,行为习惯往往很难改变。比如戒烟,很多人都很难坚持。所以,需要想一些很好的办法,让行为发生改变。办法有很多,有些办法要花很大代价,有些办法没法持续,所以需要找到改变行为的最佳证据。改变行为未必需要强制,比如通过行政手段强制性要求改变这些行为。如果可以找到行为背后的规律,"轻轻一推"就能让民众做出执政者所乐见的行为。这类似于循证医学,即基于证据做出判断,拿出最佳干预措施。所以,行为科学(behavioral science)是治国理政特别需要关注的发展方向。发现、累积和应用有关行为的证据,则是循证治理的要义。

第二节 循证:从医学到政策

每个家庭每月都会收到一张或多张水电气费账单,上面都会列出当月的消费记录。那么我们如何设计政策,才能让人们节约能源?比如,新加坡的水电气费账单就和北京的完全不一样。新加坡的账单反映了家庭用量,包括每个月的用量,同一住宅楼同一户型(如三室一厅)的平均用量,以及全国同一户型最有效率的家庭用量(即用量最低的前25%的用户)。通过这个账单,人们可以知道自己的用量,并会和其他家庭比较。如果做得好,就会收到绿色标识;如果做得不好,就会被亮红灯,并被提醒哪些举措可以节能。

这和我们收到的水电气费账单不一样,通过我们的账单只能知道当月花费,但不知道是多还是少,没有比较。新加坡的这项举措能节省8%—9%的能源。而且它很简单,因为有大数据,数据汇总起来,会自动算出这个楼层的平均用量,让人们去思考为什么自己比邻居用得多、怎么去节约,并帮助家庭改善行为。人们对自己的能源利用状况往往缺乏相对认识,但是一旦人们获得了自己和其他人的能源利用信息,就会使人们更在意自己的"表现",就可能会因应调整,并有意识地了解如何节约能源。此外,列出每个家庭的历史同期耗能记录,也有助于人们进行纵向比较,有意识地注意节能。

上述这些举措都可以归为"轻推"或"助推"(nudge),它们看似微不足道,但是却意义非凡。① 试想,1%的人改变行为可能并不值得一提,但是就中国14亿多人口而言,就是1 400多万人,影响就不可小觑了。"轻推"是将行为科学领域的研究发现,在公共政策领域加以应用。顾名思义,就是通过微小的变化,对人们循循善诱,从而达到改变其行为并实现预期政策效果的目标。"轻推"的指导思想是,遵循行为科学的研究发现,洞察人性,并使用最小成本和干预措施,影响人们的行为选择。以节能为例,这种"轻推"并不需要花费能源组织太多的资金和精力,只需要做好必要的数据管理即可。但是,这种"个性化"的提醒,却有可能对节能产生很大的助推作用。这些生动而易懂的信息能帮助人们决策,而且很容易实现预期目的;它不是强制人去改变,而是让人自然而然地接受。

消费者在购买大件电器和订购互联网服务时,信息同样至关重要。比如,政府出台的"节能补贴"如何吸引消费者的关注?如果能让消费者树立这样一种认识,即节能补贴是一种身份或荣誉的象征,那么就可能让人们更愿意选择节能补贴的电器产品。但是,电器品牌和型号不断推陈出新,各种功能和专业术语让人眼花缭乱,消费者往往很难进行专业比较。比价网或口碑网这样的信息平台就有助于提供更具可比性的信息,如其他消费者的实际使用体验,使消费者做出更加理性的选择,而不至于被商家诱导消费。

互联网服务也是如此,哪些社区可以安装哪类网络公司的宽带服

---

① Thaler R. H., Sunstein C. R., *Nudge: Improving Decisions About Health, Wealth, and Happiness*, New Haven, CT: Yale University Press, 2008.

务？因为早期的垄断协议,一些社区只有一家网络公司可供"选择"。恐怕整个北京地区都没有一张完整的地图,来呈现各家网络公司犬牙交错的"地盘"。即便是有多家网络公司可供选择,消费者往往也缺少各家公司互联网服务的可比信息。哪家公司的互联网接入更稳当,实际网速更接近于标示网速,套餐服务最划算,客户服务最体贴？在这些方面,消费者往往只能凭感觉或道听途说,很难有相对客观可靠的可比信息。一些互联网公司可以测试各台计算机的网速,如果可以将这些数据汇聚,则可以很好地为此目的服务。

第三节 循证决策与管理的证据库

英国首相办公室设立了"行为洞察团队"(behavioral insight team, BIT),专门在行为科学和循证决策方面进行探索。[①] 2013年,英国内阁办公室设立了"什么奏效网络"(what works network, WWN),旨在使用证据来辅助政府做出更好的决策,从而改善公共服务。它倡导政府和其他部门更好地开发、传播和使用高质量的证据,以改善决策并提高公共服务质量。它的理念非常直截了当,那就是最好的决策一定是建立在可以获得的最好的证据的基础之上。如果没有证据,那就需要决策者使用最好的方法来找到究竟什么管用和奏效,然后将其付诸实践。虽然在美国等其他国家有一些州和地方政府尝试循证决策和管理,但英国可以称得上是世界上第一个举全国之力并在各级政府都推行循证决策的国家。

"什么奏效网络"由七个独立中心组成,包括两个附属机构,涵盖医疗卫生和社会救助、教育、减少犯罪、早期干预、地方经济增长、老年人生活照料、幸福感等政策领域,涉及政府财政投入达2000亿英镑。这些中心不同于一般意义上的研究中心,其目的是帮助决策者使用证据做出决策。所以,这些中心的主要工作是收集有关各种政策计划和工具的效果

---

① Halpern D., *Inside the Nudge Unit: How Small Changes can Make a Big Difference*, London: WH Allen, 2015.

的现有证据,并进行系统综述、评估和总结,将这些研究发现以易于理解和接受的方式同决策者沟通,并推动他们在决策中实际应用。

这些中心都由政府和非营利机构共同出资,"什么奏效网络"的全国导师大卫·哈尔彭(David Halpern)及其团队支持各个独立中心开展工作。与此同时,"什么奏效网络"还同各个政府部门合作,评估现有实践是否奏效,如果不管用就停掉,并开展各种测试以发展新的有用实践。他们设立了跨政府试验咨询专家组(cross-government trial advice panel),为政府官员提供免费咨询,告诉他们哪些政策和计划可以开展试验和测试。

英国教育基金会(Education Endowment Foundation, EEF)就是这方面的典型代表。它是一家独立的基金会,其宗旨在于通过资助、总结和传播最佳实践,缩小教育差距。英国教育基金会致力于打破家庭收入与教育成绩之间的固化联系,确保来自所有家庭背景的孩子都可以实现其最大潜能。英国教育基金会的"学校提升循环"(school improvement cycle)包括五个环节:数据、证据、实施、评估和动员。第一,通过数据分析教育成绩的差距。第二,寻找可行的解决方案。第三,将这些证据在实践中进行应用。第四,对这些证据进行评估,并寻找可以提升的途径。最后,将这些得到验证的证据推广并促进变革。

英国教育基金会建立了一个庞大的学校族谱数据库,包括14 661所小学和3 014所中学,使任何一个学校都可以同其他同类兄弟学校(就像同属一个族谱的家人一样)进行绩效比较,从而找到差距和问题所在。因为只有最相近的学校才有可比性,否则就失去了标杆管理的意义。如果家长想为孩子选择学校,就可以选就近的两个学校进行比较。这两个学校的地理位置相近,规模差不多,种族结构和男女师生比相差不大,但是考试成绩、辍学率等客观绩效表现可能有很大差别。据此家长可以比较并选择心仪的学校。学校校长也可以找到标杆,同最接近的学校进行比较,发现差距和改进方向。

英国教育基金会开发了教育与学习工具箱和幼儿学前教育工具箱,

在学校中传播教育研究的证据,使学校管理人员和教师能够用最佳的方式配置资源,并提高所有学生的学习成绩。英国教育基金会总结了对学前和5—16岁的孩子的最有效的教育研究和干预措施,并将其以形象化的方式呈现,便于学校查找和参考。自2011年成立以来,英国教育基金会在英国7 200多所学校执行了上百个评估,以找到提高教学效果的最佳方式。与此同时,英国教育基金会资助有关提高教育成绩的研究和评估项目,使它们的研究发现能够为学校决策所参考。更为重要的是,英国教育基金会是一个鼓励学校"自己动手"(DIY)的机构。比如,在选择最接近的学校比较绩效时,以及在设计教学干预和评估计划时,学校都有很大的自主权,可以自由选择自己的想法并付诸实践。

把复杂的研究结果简单化,可能会丧失精准度,但工具箱对于教育专业人士而言便于理解,更有助于启发他们使用。对于每个主题的研究,英国教育基金会都会生动形象地指出它对学习的促进效果(以增加的学习月数来衡量)、证据本身的效力、实施该计划的成本,指导教师和校长学会怎样去改善学生的学习成绩。所以,一个学校的校长或教师可以轻而易举地理解某一项教育改进措施背后的科学证据有多可靠,这项措施本身能发挥多大作用,以及它可能涉及的成本是否是可负担的。比如,给学生反馈能提高成绩吗?能让学生感兴趣吗?要花多少钱?政策本身有没有效率?这方面可能有很多研究,并积累了大量证据。把这些证据汇总起来,就可以分析证据到底能不能支持决策,即反馈对学生成绩的作用。如果有作用,教师和校长可以参考使用证据;否则,就可以改变政策。这就相当于一个工具箱,类似于企业的专利池,支持管理人员优化决策。

第四节　第三方评估与循证决策

与循证医学相比,循证管理可谓任重道远,而这主要是出于如下几个方面的原因。首先,有关循证管理的证据基础不足,即证据少且效力低，而证据的时效性不足、数量少、效力低则影响了决策者和管理者可以使用的证据。这使决策者只能"拍脑袋决策"，因为没有可用的证据来辅助决策。其次，情境至关重要。对于决策和管理而言，不同情境的管理效果难以衡量和比较，所以证据的可用性会大打折扣。再次，决策者的观念也有待改变，目前基于证据的决策尚未形成风气，大量决策仍然是在紧急情况下的临时而为，很少能够基于长期考虑和循证思维。最后，决策和管理受到政治的影响，往往是证据让位于政治，证据为政治服务，所以循证政策有可能沦为政策循证（policy-based evidence）。

通常来说，管理未必基于证据，而且正当的理由有许多。管理的经验性和艺术性成分较高，与量化证据相比，人们更喜欢听成功的管理人员"讲故事"。相对而言，循证管理是理性—技术派的简单思维，而日常管理则往往是感性和利益使然。比如，在压力型体制下，上行下效的风气会使决策者不得不服从上级，很难顾及证据。与此同时，在利益使然的情况下，许多决策带有利益倾向，同证据无关。管理者也容易受时尚流行的影响，会有从众与跟风的倾向。此外，管理有很强的制度锁入与路径依赖色彩，要想实现政策的改变往往很难。最后，管理者有时也不得不受制于迷信与迷思，在决策时带有运气成分。

那么，未来如何推进循证管理？至关重要的是建立和完善证据中心，开展随机对照实验，收集和沟通证据。例如，类似于循证管理的证据概要库（CEBMa database of evidence summaries，见 http：//cebma-library.org/），就可以为管理者提供证据库。如果能够像专利或论文查新一样去搜索和汇集证据，并用于辅助决策，那么循证决策就可以得到快速发展。在这方面，第三方评估可以发挥重要作用。这是因为，第三方评估主要是为了提供各类有关项目、政策或部门绩效的证据，而这些证据为政策调整和绩效改进提供了依据。因此，第三方评估能否发挥这方面的作用，关乎循证管理能否实现。

目前，国家在大量推进新型智库建设，旨在为各级政府决策提供智力支持。智库的主要作用应是将科学研究发现应用于公共政策制定和实施,因此需要发挥很重要的桥梁和纽带作用。智库的作用不仅仅是编译资料和提交内参。智库是"翻译官"或"转换器",要将专业性很强和晦涩难懂的科学研究发现转换为易于被决策者理解和应用的知识。这很重要,需要非常慎重,因为智库对于每项提议都要有严谨判断和证据支持。这就和第三方评估有很大关系,因为每项政策、计划和项目有没有作用,是不是实现了目的,有没有更好的替代性做法,等等,都需要第三方独立、专业和客观的评估。换句话说,智库本质上是一个知识库,决策者需要的时候就可以检索使用,以辅助进行科学决策。如此,才能通达治国理政的创新之道。

至关重要的是,智库需要关注行为科学,研究"助推"现象,并洞悉和改变行为,为循证治理设立证据库。智库的定位应着眼于加强证据的收集、整理和积累,推动证据库的建立与维护,使证据库成为决策者的工具箱。第三方评估不仅应对具体政策和项目进行评估,而且应该开展相关证据的收集和评价,特别是开展荟萃分析,形成系统性的证据链。更为重要的是,要加强证据的"转译",让决策者、让公众理解证据,就像英国教育基金会的做法一样。这样一来,管理者就可以轻松地基于问题去搜寻证据,并达到问题匹配与证据适用的效果,这又会鼓励他们更愿意使用证据。

对于决策者而言,需要提升循证管理能力,即有批判性思维,不人云亦云。许多想当然的事情可能未必如此,而需要有充分的证据基础。管理者需要培养快速搜索、甄别和整合证据的能力,以及生产新证据的能力。与此同时,管理者要能够设计、委托和实施研究,并培养利用证据说服上级管理层的能力。此外,管理者还需要具备基于证据设计管理流程和政策的能力,以及持续追踪、绩效反馈和改进的能力,从而进一步产生新的证据并传播证据。

第五节　第三方评估如何推进循证决策

国务院经常召开专题会,研究第三方评估对重大政策实施的促进作用。与此同时,国务院委托的多家第三方机构陆续向社会公开了评估报告全文,其公开透明程度也开创了第三方评估的先河。政府如此高规格地重视第三方评估,在中国政府绩效评估与管理的历史上是前所未有的。即便是同其他国家相比,中国政府对第三方评估的关注也是令人瞩目的。与此同时,从这些第三方评估报告所披露的信息来看,目前第三方评估在专业性、独立性、客观性、全面性和可用性等方面都取得了令人欣慰的进展。

多份第三方评估报告既不吝于对政府出台的利好惠民政策予以充分肯定,也不回避政策实施过程中所暴露的问题和短板。这些第三方评估报告援引了大量数据和案例,见解深入独到、切中肯綮,提出的政策建议也具有较强的针对性和可操作性。多份第三方评估报告的政策建议直接或间接促成了国务院及相关部委的政策出台,第三方评估真正发挥了资政谏言的作用,为优化和提升政策实施效果提供了智力支持。

尽管第三方评估业已取得令人欣慰的成绩,但是要想让第三方评估成为政府科学决策和政策高效实施的支撑利器,仍然需要进一步强化第三方评估的地位和作用,并推动第三方评估的独立性、专业性和常态化。至关重要的是,要使第三方评估真正成为政府循证决策的证据库、思想库、知识库和工具库,推动第三方评估与循证管理的深度融合。

循证管理和政策借鉴了循证医学的概念,即依据可以获取的最新科学证据,进行管理和做出决策。循证决策意味着政府部门摒弃"拍脑袋"和单凭经验去决策的传统方式,而基于最新的相关科学证据进行决策。因此,循证思想是科学决策的题中应有之义,也是保障决策成效的关键所在。长期以来,在政策与决策之间往往存在难以弥合的知识鸿沟,使循证决策出现脱节的尴尬。这部分是因为科学证据往往是高度专业和分散在不同领域的,政府部门缺少将它们有效整合和解读的能力。与此同时,政府部门的决策者也习惯于凭经验和感觉去决策,并认为科学证据是毫不相干的。

第三方评估使循证决策成为可能,就在于以学术机构、智库、咨询公司等为代表的第三方机构可以相对独立、专业和客观地评估公共政策、计划和项目的设计水平与实施情况,并为政府部门的决策提供科学证据和专业依据。所谓"旁观者清",第三方机构可以由外而内地去审视政策实施过程中的问题,发现政府部门由内而外看不到的盲区。与此同时,第三方机构同政策实施不存在直接利害关系,这使其具备超然独立的立场,可以更加客观公正地评估政策实施情况。换句话说,第三方评估等于在科学证据与政府决策之间架设了一道桥梁,使两个过去联系不够紧密的领域实现了跨界融合。尽管第三方评估为循证决策提供了契机,但要想实现其最大功效,还需要注意以下几个方面。

首先,政府部门对第三方评估的态度和行为,在很大程度上决定了第三方评估能否真正发挥作用并影响政策决策。在一些领域,政府部门象征性地引入第三方评估,将其视为装点门面的时尚。还有一些政府部门畏惧第三方评估,认为它是一种潜在的问责威胁,可能会暴露其问题或产生不利影响。因此,这些政府部门往往会提前和第三方机构"定调子"或"打招呼",在评估过程中提供不实信息或故意阻挠,极大地抑制了第三方评估的贯彻落实。更有甚者,使循证决策沦为决策循证,即第三方评估非但未能影响决策,反而成了为政策背书的工具,出现本末倒置的尴尬现象。比如,少数政府部门为了使其出台或实施的政策得到社会认可,倾向于通过第三方评估的专家之口为其政策背书,使第三方评估成为摆设的花瓶。由此看来,如果政府部门不端正对第三方评估的认识和态度,即便引入第三方评估,也可能收效甚微或无济于事。

其次,第三方评估要想真正影响政策决策,尤为关键的是要加强对评估结果的运用。在项目和政府绩效评估领域,评估结果往往被束之高阁或成为废纸堆,很难影响政府决策和管理。一方面,政府部门疲于应付各种事务,对评估结果的注意力远远不够,往往是一评了之或为评估而评估。另一方面,一些第三方评估选择的评估机构不合适,或者评估报告缺乏专业性和针对性,使政府部门即便需要运用也无从下手。我们在研究中发现,第三方评估能否"以评促改",对评估结果究竟是象征性地使用还是实质性地使用，在很大程度上取决于政府部门的组织文化。

组织文化是组织追求的愿景、使命和价值，是组织成员对其组织目标的认同。组织文化尽管看不见、摸不着，但却深刻塑造着组织成员的态度和行为。第三方评估能否奏效，十分仰赖政府部门的组织文化。至关重要的是，政府部门的领导者和组织成员还需要有很强的学习导向，对第三方评估抱有信任态度，并愿意将评估结果应用于决策和管理。如果政府部门领导表面上强调第三方评估，实际上却并不重视，对评估结果也不加以使用，那么就可能导致组织成员上行下效。如果政府部门假意运用第三方评估，就会选择逢迎讨好的第三方机构，评估结果自然就很难应用于管理和决策。由此可见，对于政府绩效信息的使用而言，尤为关键的是营造学习导向的组织文化，这样第三方评估的预期效果才能得以实现。

最后，第三方评估还仰赖评估市场的发育和评估机构的专业化，因为评估报告是否专业、独到和客观，同评估机构的资源和能力密不可分。第三方评估在中国还处于方兴未艾之际，许多第三方机构都嗅到了它所蕴含的"钱景"，以致出现蜂拥而至和泥沙俱下的问题。一些所谓的第三方评估机构不过是"草台班子"，临时聘请了相关专家，既缺少各个政策领域的专业人士，又没有完善的业务模式。我们在调研中发现，很多政府部门对第三方机构感到不满，认为它们的专业性不够，评估的责任心不足，可谓"外来的和尚念歪经"。一些第三方机构为了获得标的而对评估委托单位言听计从或投其所好，报喜不报忧的程度有过之而无不及，甚至一度令委托单位感到无所适从。尽管一些政府部门建立了第三方评估机构库和专家库，但是各地区和各部门之间缺乏信息共享，往往出现"想要的不来，来的不想要"的困局。这意味着政府部门应逐步使第三方评估常态化和规范化，并引导评估机构走向独立和专业化。进一步培育和规范第三方评估市场，推进第三方机构之间的良性市场竞争，建立以评估资质和信誉为基础的评估共同体，可能是使这方面有所推进的可取之道。

上述分析表明，尽管第三方评估逐渐进入了政府和公众的视界，并开始发挥促进科学决策和高效执行决策的积极作用，但是仍然不能忽视其可能面临的挑战和存在的问题。对于财力吃紧的各级政府部门而言，第三方评估需要花费不少的费用以及额外的精力和时间，如果不能善加引导和有效使用，不仅不能促进政府绩效改进，还可能导致政府绩效耗损。因此，端正和调适政府部门对第三方评估的认识和态度，强化政府部门以评促改的学习型组织文化建设，并推动第三方评估市场和评估机构的发育，可以使第三方评估为循证决策和管理提供价值引领、思想带动和证据基础。

第十二章 结论与展望

第一节 第三方评估何去何从?

第三方评估这些年来发展迅猛,成为各级政府加强问责和监督的重要手段。第三方评估可以破解政府自评存在的"自说自话"和"报喜不报忧"问题,以及上级督导面临的信息不对称难题。第三方评估也有利于强化行政问责和政策落实,并为加强政府的外部监督提供有效途径。① 第三方评估在我国虽然尚处于发展初期,但是出现了许多值得关注的问题,并导致了令人担忧的负面影响。

第三方评估在发展过程中发生的问题,反映了政府部门缺乏评估能力,而加强政府评估能力建设是值得关注的研究领域。外部评估的引入,要求政府部门具备更强的组织实施能力,实际上对其提出了更多新要求。② 因此,对于政府委托的第三方评估而言,政府部门需要具备更强

---

① 李文彬、卢扬帆、郑方辉:《财政专项资金绩效第三方评价》,光明日报出版社 2015 年版。
② Volkov B. B., "Beyond being an evaluator: The multiplicity of roles of the internal evaluator", *New Directions for Evaluation*, 2011, 2011 (132): 25 – 42.

的合同管理能力,并对第三方评估的全流程进行监督和管理。①

目前有关第三方评估的研究仍然局限于理论探讨和案例分析,缺少对第三方评估能力的理论研究和实证分析。要想让第三方评估有效实施并发挥作用,至关重要的是提升政府部门的评估能力,使其具备规划、委托、管理、参与和使用第三方评估的能力。但是,目前对第三方评估能力和能力建设的研究还非常欠缺,无论是理论框架还是实证证据都有待深入。因此,加强第三方评估能力建设研究,可以填补本领域的研究空白,并推动第三方评估的理论创新。

第三方评估是一项专业评估,作为委托方的政府部门不能当"甩手掌柜",需要把关评估机构、参与评估过程并使用评估结果,这样才能确保第三方评估不至于偏离走样。目前第三方评估在中央部委和各级地方政府中都得以普遍开展,并应用于财政预算、项目遴选、奖励分配和行政问责等决策。加强第三方评估能力建设研究,有助于规范和引导第三方评估实践。研究第三方评估能力及其影响因素,推动政府部门的第三方评估能力建设,能够使第三方评估得到健康发展并发挥应有作用,具有很强的实践价值和政策意义。

与发达国家相比,中国政府绩效、财政支出和重大政策等方面的第三方评估,都还处于起步和探索阶段②,并受到学术界的广泛关注和持续研究。学者们基于甘肃、广东、江苏等地的案例,对第三方评估的潜力与限度进行了多角度研究。与政府内部评估相比,第三方评估在独立性、专业性和权威性等方面有明显优势。③ 但是,第三方评估在价值

---

① Brown T. L., Potoski M., "Contract-management capacity in municipal and county governments", *Public Administration Review*, 2003, 63 (2):153-164.
② 尚虎平、王春婷:《政府绩效评估中"第三方评估"的适用范围与限度——以先行国家为标杆的探索》,载《理论探讨》2016 年第 3 期,第 12—18 页。
③ 郑方辉、毕紫薇:《第三方绩效评价与服务型政府建设》,载《华南理工大学学报:社会科学版》2009 年第 11 卷第 4 期,第 33—33 页。

取向①、信息获取②、专业支持和行业自律③、制度环境④等方面都面临诸多难题。高校专家、专业公司、社会代表、民众等不同主体参与的第三方评估,存在不同的特征和优劣。⑤ 有学者以人大委托的第三方评估为例,研究评估质量的影响因素。⑥ 还有学者使用多案例研究法,对第三方评估的质量和效果进行比较,发现第三方评估在独立性和有效性方面存在不足。⑦

国外研究方面,学者们对第三方评估的条件和效果进行了大量研究。⑧ 有学者提出内部与外部评估的取舍条件,为组织选择外部评估提供了依据。⑨ 还有学者以比利时的政府部门为例,识别了外部评估的关键决策依据。⑩ 在评估能力方面,学者们开发了不同的理论模型和测量

---

① 包国宪、董静、郎玫:《第三方政府绩效评价的实践探索与理论研究——甘肃模式的解析》,载《行政论坛》2010 年第 4 期,第 59—67 页。
② 陆明远:《政府绩效评估中的第三方参与问题研究》,载《生产力研究》2008 年第 15 期,第 121—122 页。
③ 包国宪、张志栋:《我国第三方政府绩效评价组织的自律实现问题探析》,载《中国行政管理》2008 年第 1 期,第 49—51 页。
④ 徐双敏、陈尉:《"第三方"评估政府绩效的制度环境分析》,载《学习与实践》2013 年第 9 期,第 22—27 页。
⑤ 徐双敏:《政府绩效管理中的"第三方评估"模式及其完善》,载《中国行政管理》2011 年第 1 期,第 28—32 页。
⑥ 李文彬、黄怡茵:《基于逻辑模型的财政专项资金绩效评价的理论审视——以广东省人大委托第三方评价为例》,载《公共管理学报》2016 年第 3 期,第 111—121、158—159 页。
⑦ Yu W., Ma L., "External government performance evaluation in China: Evaluating the evaluations", *Public Performance & Management Review*, 2016, 39 (1): 144-171.
⑧ Vedung E., *Public Policy and Program Evaluation*, New Brunswick, N. J.: Transaction Publishers, 1997.
⑨ Conley-Tyler M., "A fundamental choice: Internal or external evaluation?" *Evaluation Journal of Australasia*, 2005, 4 (1/2): 3-11.
⑩ Pattyn V., Brans M., "Outsource versus in-house? An identification of organizational conditions influencing the choice for internal or external evaluators", *The Canadian Journal of Program Evaluation*, 2013, 28 (2): 43-63.

工具,为实证分析第三方评估能力提供了依据。①②③ 有学者构建了理论框架,指出评估能力受到组织环境和组织特征的影响,并会通过组织学习和其他因素影响组织绩效。④

尽管第三方评估得到了国内外学者的广泛关注,但在如下方面有待进一步研究。首先,国内研究以理论探讨和个案分析为主,缺少整合性的理论研究和实证分析。其次,尽管国内研究指出了第三方评估面临的诸多难题,但却未从评估能力建设的理论视角予以研究,因此很难为第三方评估摆脱困境提供可行方案。最后,第三方评估依存于其所处的制度环境,国外研究结果可能不适用于中国国情,理论和研究发现需要再检验和重估。综上所述,我们认为有必要从评估能力建设视角对第三方评估进行理论和实证研究,以丰富已有文献并积累实证证据。

第三方评估的关键在于能力建设,因此需要对第三方评估能力进行研究。本书基于上述理论和实证研究,开展规范研究,聚焦第三方评估能力建设,提出优化第三方评估并提升政府绩效的政策建议。本书在明晰了第三方评估影响政府绩效的作用路径和权变因素的基础上,识别影响第三方评估发挥作用的关键因素和发生机制,据此构建了第三方评估能力建设方案。

第三方评估能否提升政府绩效,在很大程度上取决于政府部门是否具备很强的第三方评估能力。第三方评估能力既表现在第三方评估的要素和特征(如评估目的和评估使用)上,又表现在第三方评估的作用机

---

① Nielsen S. B., Lemire S., Skov M., "Measuring evaluation capacity—Results and implications of a danish study", *American Journal of Evaluation*, 2011, 32 (3):324 - 344.
② Bourgeois I., Cousins J. B., "Understanding dimensions of organizational evaluation capacity", *American Journal of Evaluation*, 2013, 34 (3):299 - 319.
③ Volkov B. B., "Beyond being an evaluator: The multiplicity of roles of the internal evaluator", *New Directions for Evaluation*, 2011, 2011 (132):25 - 42.
④ Cousins J. B., Goh S. C., Elliott C. J., "Framing the capacity to do and use evaluation", *New Directions for Evaluation*, 2014, 2014 (141):7 - 23.

制（如绩效反馈和组织学习）上，另外还取决于第三方评估所处的组织环境和外部情境。这些因素会综合影响政府部门的第三方评估能力，进而影响第三方评估能否及在多大程度上改进政府绩效。因此，本书在上述研究的基础上提出第三方评估能力建设的路径选择，为政府部门优化第三方评估提供决策依据。

基于研究，本书提出第三方评估能力建设的路径选择。在回答了第三方评估是否及如何影响政府绩效的问题后，本书开展规范研究，设计第三方评估能力建设方案，为进一步提高第三方评估效果及其绩效影响提供决策参考。第三方评估能否及在多大程度上影响政府绩效，归根结底取决于政府部门的第三方评估能力。政府部门能否设计合理的第三方评估方案，并激活第三方评估影响组织绩效的关键因素和作用路径，是其可否奏效的关键因素。本书在上述研究的基础上，提出第三方评估能力建设的路径选择，用于指导第三方评估的方案优化和实施推进。在这方面的研究中，本书开展国际比较研究，从美国、英国、澳大利亚、新加坡等国家开展第三方评估的典型案例和实践经验出发，提炼第三方评估能力建设的历史轨迹和核心经验，并为中国政府部门的第三方评估能力建设提供参考依据。

第二节　第三方评估的"内功"与"外力"

如上所述，能力建设是推进第三方评估的关键所在，因此需要对第三方评估能力进行系统研究。总体来说，第三方评估能力的研究框架如图12.1所示。

首先，第三方评估能力包括规划、参与、管理、使用、学习等维度，反映了政府部门实施第三方评估的综合能力。政府部门规划和设计第三方评估项目、推动组织成员参与第三方评估、管理第三方评估的招投标和合同、使用第三方评估结果、根据第三方评估结果进行"举一反三"的学习等方面，是衡量政府部门第三方评估能力的关键维度。

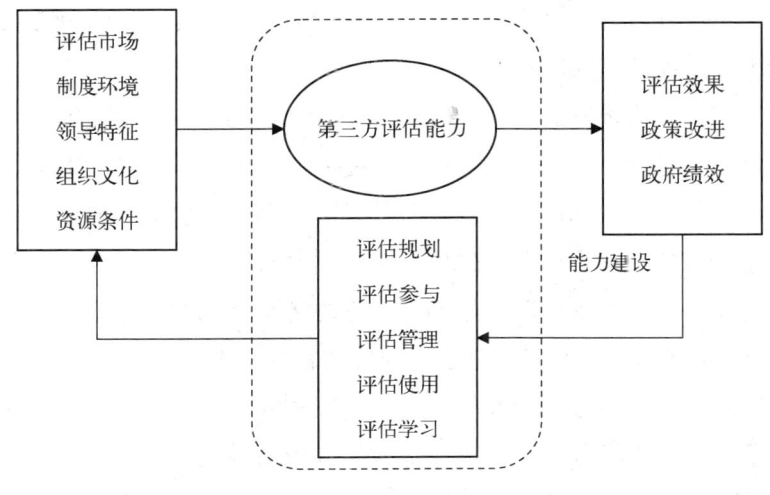

图 12.1 研究框架与内容

其次,第三方评估能力受到评估市场结构(如合格优质的评估机构和市场秩序)、制度环境(如第三方评估法规或文件)、领导特征(如高层领导对第三方评估的支持)、组织文化(如容错、共享、学习和创新等方面的文化和氛围)、资源条件(包括技术和人力等方面的资源)等因素的影响,而这些因素之间也存在不同的作用关系。

最后,第三方评估能力会对评估效果、政策实施和改进、政府绩效等产生正向影响。作为一个开放循环的社会系统,这些结果又会通过第三方评估能力建设,反过来影响其所处的环境和组织。具体来说,第三方评估可能对不同的绩效维度产生不同的影响,如经济性、效率性、效果性、回应性、问责性等,而这有待于未来的深入研究。

一、构建第三方评估能力的理论模型

构建第三方评估能力的理论模型,有助于明确其关键维度、影响因素与作用机制,以及其对评估效果和政府绩效的影响路径。第三方评估包括多个维度,并受到许多因素的综合作用。本书构建了一个整合性的理论模型,对其前因、过程和后果予以刻画和解释。这一理论框架有助于解释第三方评估能力的高低及其影响因素,并为政府部门的第三方评估能力建设提供理论参考。

第三方评估能力是一个复杂的多维概念,很难对其予以全面准确测量。已有研究识别了一般评估能力的关键维度,但是如何将其应用于第三方评估领域,仍然值得进一步探讨。能力不同于资源,虽然资源是能力的必要条件。除了硬件资源投入以外,能力还包括许多软件资源,而这些往往是看不见或难以测量的。第三方评估能力包括哪些维度?如何对其进行有效测量?这些问题是研究的重点和难点。

第三方评估能力包括哪些维度?第三方评估能力受到哪些因素影响?第三方评估能力如何影响评估效果和政府绩效?未来研究需要进一步结合已有文献对这些问题予以理论分析,提炼第三方评估能力的关键变量,并构建整合性的理论模型。在此基础上,凝练和细分本书的理论命题,并提出可检验的具体研究假设。与此同时,加强第三方评估能力的测量研究。哪些部门的第三方评估能力更强?第三方评估能力在哪些方面存在不足?未来需要更加深入的研究,基于已有文献,通过归纳法提炼第三方评估能力的关键维度及其测量指标,并开发第三方评估能力的测量工具。该测量工具既服务于本书研究,又可以用于其他研究和政府诊断。

二、识别第三方评估能力的关键影响因素与作用机制

第三方评估能力受到哪些因素的影响?这些因素通过哪些路径影响第三方评估能力?第三方评估能力不完全取决于政府的财力和人力,同领导特征、组织文化、学习氛围、利益相关者参与、制度环境等密不可分。因此,应基于理论研究和实证分析,识别第三方评估能力的关键影响因素及其作用路径。

政府部门的第三方评估能力受到制度环境和组织情境、领导特征、组织文化、资源条件等许多因素的综合影响,需要通过理论研究和实证分析去识别这些关键因素,并对其影响路径予以探究。未来研究需要通

过案例研究和数据分析,发现第三方评估能力的主要决定因素及其作用机制。对这些关键影响因素加以研究,可以据此提出有针对性的政策建议,从而为政府部门的第三方评估能力建设提供经验依据。

第三方评估能力受到组织内外诸多因素的影响,而这些影响因素之间也存在错综复杂的相互关系。已有研究从外部环境和内部情境两个方面提出了组织评估能力的影响因素,但是在第三方评估领域是否适用还有待研究。与此同时,这些不同因素对第三方评估能力的效应大小不同,影响的路径和机制也可能不同。因此,识别第三方评估能力的关键影响因素及其作用机制,是未来研究的重点和难点问题之一。

三、提出第三方评估能力建设的路径

能力建设指通过持续性的参与、反馈、学习和改善,提升政府部门的第三方评估能力。政府部门可以通过许多途径开展第三方评估能力建设,而这些途径的有效性需要甄别和遴选,并予以搭配组合而形成合力。未来研究需要结合已有文献和国内外实践,提出第三方评估能力建设的路线图和具体方案,用于指导政府部门的能力建设。第三方评估能力建设的路径体系包括战略考量、关键目标、具体技术和监测手段等,以为政府部门提供决策支持。

政府部门期望通过第三方评估获得可用的评估结果,并将其用于管理决策和绩效改进。评估过程中各个利益相关者的广泛参与,也会推动政府部门获得多方面的收益,如反馈、学习、互动和声誉等。因此,第三方评估能力建设是一个动态持续的过程。未来研究需要提出可行的能力建设方案及其路径选择,为政府部门开展第三方评估能力建设提供依据。

能力建设是推进第三方评估实践的主要路径,但是如何设计和实施能力建设方案并非易事。已有研究主要关注基层和社区组织的评估能力建设,而政府部门的第三方评估能力建设还没有得到系统研究。在能力建设方面,哪些手段最为有效?如何搭配组合这些手段去强化能力建

设？不同于政府内部评估可以通过加强培训等手段予以改善，第三方评估的实施主体为外部独立机构，而政府部门扮演的是委托方、监督方和客户的角色。因此，开发第三方评估能力建设方案及其路线图，是未来研究的重点和难点问题。

第三节 第三方评估的推进策略

第三方评估由来已久，不仅包括政府委托第三方机构开展的评估，而且也包括第三方机构独立完成的评估。例如，早在2005年甘肃省政府就委托兰州大学的研究机构进行政府绩效第三方评估。华南理工大学的研究人员从2007年以来就对广东省市县两级政府进行第三方绩效评估。零点咨询集团、《小康》杂志、《瞭望周刊》等都曾面向不同城市开展独立的第三方评估。第三方机构可以对政府在某个方面的整体绩效进行评估，如公共服务、廉政建设、透明公开、数字治理、公众参与、反贫困、人权保护、财政管理等，而且可以对政府资助的公共计划和项目进行评估，如财政支出绩效评估。第三方评估同绩效管理、绩效预算、行政问责、社会监督、循证决策等议题密不可分，并可以在许多部门和领域应用。

第三方评估不仅限于对政府和政策的评估，而且在企业、非营利组织和国际机构都应用非常广泛。以教育、医疗等领域的组织报告卡为例，在其他国家和地区的第三方评估中都有应用。对企业社会责任与环境绩效的外部评估，会推动企业节能减排、捐赠和可持续发展。在国际关系领域，国际组织对各个国家和地区的治理评估和排名，同样发挥了不容忽视的作用，并产生了各种各样的深远影响。例如，中国在透明国际的清廉指数排名下滑，引起外交部的公开质疑。

伴随着城镇化进程加速，对城市的评估和排名越来越多。美国驻华大使馆对北京空气质量的监测和报告，也是一种第三方评估，并引发了引人关注的影响。此外，学术机构"无心插柳"的科学研究也是第三方评估,如澳大利亚研究人员对中国计划生育政策的独生子女评估,中国研究者对冬季供暖政策的健康危害评估,分别引起生态环境部和卫健委的响应。但是,纷繁复杂和层出不穷的第三方评估,也让人眼花缭乱。第三方评估泥沙俱下、参差不齐,市场主体需要培养,行业规则需要建立。对第三方评估的理论、方法论和应用都需要开展大量研究,并对第三方评估进行再评估。

目前,在中央政府层面,第三方评估并没有制度化,仍然是一事一议地零散进行。与此同时,参与第三方评估的部门以"体制内"机构为主,来自"体制外"的专业评估较少。与此同时,目前的第三方评估仍然以自上而下的考核督查为主,注重对重大政策措施的落实情况进行督查和问责,缺少基于绩效改进和组织学习的第三方评估。因此,手持"尚方宝剑"的第三方机构固然能够得到地方政府和基层部门的配合与支持,但是可能无法获得全面、真实和有效的资料,评估结果的可用性和真实性会大打折扣。

为了能够较为全面地对重大政策进行评估,中央政府部门普遍采取平行发包方式,即一个题目多家机构独立并行执行。这种竞争性的委托方式有利于从多角度对共同政策进行评估,但如何解决不同评估之间的关系,也是值得关注的问题。此外,目前的第三方评估理论、方法、手段和技术等都还停留在初始阶段,并没有充分吸收和利用评估领域的最新发展,因此可能无法反映被评估对象和政策的真实情况,得出的评估结论也可能缺少足够的可用性。

因此,应加强对第三方评估能力建设的研究,构建、检验和修正第三方评估能力的理论模型,解释第三方评估能力的内涵、影响因素和效应。可以从广东、江苏、北京等第三方评估发展较快的地区抽取省市级政府职能部门(如财政、民政、教育、医疗等第三方评估实施较多的部门),对其工作人员进行深度访谈、案例研究和问卷调查。在财政支出、精准扶贫、高等教育、医院管理等领域,第三方评估的使用越来越普遍,对这些领域进行实证分析具有可行性。与此同时,还可以基于调查实验法,开展第三方评估的实验研究。此外,应结合其他国家的经验和中国的实践,提出第三方评估能力建设的路径选择。

与此同时,本书中的多项研究都发现,不同排行榜之间存在一定的一致性,但在很多方面都有不一致乃至龃龉之处。换句话说,不同机构推出的排行榜尽管是在评价同一个主题,但是因为采取的视角、数据和方法不同而得出南辕北辙的结果。面对眼花缭乱的排行榜,对于被评的地方政府及相关部门来说,应该如何进行选择呢?城市政府在使用时应当进行多方比较,对排行榜的有效性和可靠性也要进行检验。更为重要的是,城市政府的决策者对本地情况的了解可能更有优势,因此不应完全被排行榜"牵着鼻子走"。

与此同时,排行榜的发布机构之间也应充分沟通和对话,建立机构之间的学习与合作机制,"取长补短"并及时调整排名方案不合理的部分。此外,排名机构需要从自身的历史经验中吸取教训,对每年的评估结果进行效度和信度检验,在发布评估结果时说明评估结果的使用限制和研究不足等供人们参考。

为了获取决策者和民众的信任,排名机构应将排名的运作情况、抽样方法、调查过程和原始数据等向社会公开,以便学术界、政府和公众对评估结果进行重复和验证,推动排名得到社会的理解和信任。与此同时,学术机构和新闻媒体应加强对排行榜本身进行再评估,即评估的评估或"元评估",推动排行榜市场的优胜劣汰。

对于普通公众而言,一般没有专业知识和时间精力去鉴别各类排行榜,多半是看个热闹或图个新鲜。但是,在免费消费各类城市排行榜所提供的资讯时,也不应盲目跟从。总体来说,各类排行榜的发布机构为了社会声誉和长期发展,会非常用心地使排行榜尽可能可靠,本书的研究发现也支持这种结果。但是即便是所谓"权威"的机构发布的城市排行榜,也可能存在值得注意的偏误和缺陷。因此,一般公众在使用排行榜时,可以将其作为参考的依据,不可全信,也不能不信。

第四节 第三方评估的未来研究展望

围绕第三方评估的前因后果,未来在下一步的研究中可以包括如下内容。具体来说,在未来研究中,应突破如下几个重点和难点问题。

1. 发展第三方评估的类型学。第三方评估并非一个严格意义上的学术概念,但是鉴于其在业界使用的广泛性和流行性,本书仍然使用这一术语。在既有文献中学者们更多使用的是外部评估、独立评估、排名或评级等概念,但它们同第三方评估仍然存在微妙的差别。究竟什么样的机构可以称之为"第三方"?第三方评估所依存的分类体系是怎样的?目前来说,对这方面的探究仍然仅限于初步阶段,对第三方评估的目的、模式、特征等的刻画也还有待深化。未来应从类型学的角度,对第三方评估进行理想类型研判,并将其同现实情景中的实践进行比较,提出可操作的第三方评估类型学。

2. 发现第三方评估影响政府绩效的因果机制。与未实施第三方评估的部门相比,开展第三方评估的部门总会获得某些方面的收益,并会在一定程度上影响第三方评估,这使我们很难剥离并明确第三方评估对政府绩效的"净效应"。与此同时,第三方评估还有很强的内生性,即那些引入第三方评估的政府部门可能恰恰是最有可能改进绩效的组织。第三方评估在上述方面的特征,使我们很难对它的绩效影响进行因果机制检验。通过二手资料分析和问卷调查可以对第三方评估与组织绩效之间的相关关系进行检验,但是却无法进一步进行因果推断。未来应采用实验设计和纵贯研究相结合的方式,揭示第三方评估影响政府绩效的因果机制。

3. 揭示第三方评估对政府绩效的作用机制。第三方评估对政府绩效的影响看似一目了然,实则并非如此。特别是第三方评估对政府绩效的作用机制,仍然是一个有待打开的"黑箱"。第三方评估固然比内部评估有更强的独立性和专业性,但是在信息获取和内部参与方面也存在劣势。如果无法破解第三方评估对组织绩效的影响过程和作用机制,就很难理解第三方评估为什么和怎样会影响政府绩效,也就无法指引和优化第三方评估的未来发展。既有研究都基于理论探讨和个案分析去探究第三方评估影响组织绩效的作用机制,但是尚缺乏系统性的实证研究证据。第三方评估机构同委托部门通常签署保密协议,这使理解第三方评估对政府绩效的影响过程更为困难。为此,未来应综合采用多种方法(特别是深度访谈和问卷调查)揭示第三方评估对政府绩效的作用机制。

4. 明晰第三方评估影响组织绩效的权变因素。第三方评估并非发生在真空之中,它也并非放之四海皆准的"万灵药",而是因时因地因人而异。因此,明晰第三方评估影响政府绩效的依存条件和权变因素,才能确定第三方评估的适用范围和领域。已有研究提出了第三方评估在何种情况下应该使用或较为适用,但是却仅限于理论探讨,并没有实证检验这些猜测的预测力。未来应基于权变理论,通过实证研究揭示第三方评估影响政府绩效的调节变量及其调节效应,明晰第三方评估提升政府绩效的条件和情境。

在具体研究中,未来应综合采用包括二手数据分析、深度访谈、问卷调查、案例研究、实验研究等研究方法,以期揭示第三方评估影响政府绩效的内在机理和权变因素。

1. 第三方评估的案例库建设。在过去几年中,中国第三方评估取得了较大进展,无论是政策法规还是实践进展,都有值得关注的发展态势。特别是在中央和地方政府层面,出现许多第三方评估的案例,但是这些评估的信度和效度如何,这些评估是否及如何被使用,都还没有系统性的梳理和比较。有鉴于此,未来可以系统收集中央和地方政府的第三方评估案例,并建立一个可以不断更新和扩展的案例库,用于本项目及其他学者的比较研究。有关第三方评估的相关资料主要是二手数据,即政府部门的指导意见和第三方评估报告。一方面来自新闻报道和政府网站,另一方面则通过实地调研获取。因此应从多个来源获取二手数据,将其转化为可供分析的数据。

2. 第三方评估的深度访谈。第三方评估的引入、谈判、设计、执行和反馈等方面,都存在许多值得关注的细节,而它们可能恰恰是左右第三方评估能否影响政府绩效的关键所在,也是值得打开的第三方评估的"黑箱"。首先,未来应对涉及第三方评估的政府部门工作人员开展深度访谈,以了解第三方评估的动因、特征、过程、制约因素等问题。其次,未来应聚焦精准扶贫和财政支出绩效评估等领域的第三方评估实践开展比较案例研究。选取有代表性的辖区、部门和政策领域,对第三方评估的特征、过程及其绩效影响等问题开展比较案例研究。通过比较案例研究,可以识别第三方评估的关键特征及其对政府的作用路径。

3. 第三方评估的实验研究。第三方评估被认为具有独立性、客观性和专业性,可以在使用者中得到更强的公信力。但是,政府官员和民众是否信任第三方评估?对此,未来可以开展调查实验研究,即面向公务员和民众进行基于问卷调查的实验研究。未来可以在问卷中嵌入不同场景的政策评估内容,并操纵评估主体的身份,如分为政府、事业单位、智库、媒体、企业、国际组织等第三方机构,并比较谁的第三方评价会得到更多重视和信任。尽管第三方评估被认为"技高一筹",但情况是否如此?哪些情况会影响第三方评估的公信力?上述实验研究将为我们揭示第三方评估影响受众和使用者的路径,并深化第三方评估的理论进展。与此同时,剥离和检验第三方评估对组织绩效的因果作用机制,是未来需要特别关注的难点问题。实验研究是揭示因果关系的不二法门[①],为此应基于各地区和各部门开展第三方评估的时间差,构造实验组和对照组并进行准实验和自然实验研究设计。

4. 第三方评估的调查研究。目前有关第三方评估的研究主要是案例分析,缺少针对参与主体的深度访谈和问卷调查,我们很难理解第三方评估的诱因、障碍、作用机制和效果等。为此,将来可以面向第三方评

---

① 马亮:《公共管理实验研究何以可能:一项方法学回顾》,载《甘肃行政学院学报》2015年第4期,第13—23页。

估的委托方、实施方和支持方等进行深度访谈和问卷调查,了解不同利益相关者对第三方评估的态度和认识。与此同时,基于调查数据检验第三方评估的理论模型,特别是第三方评估的影响因素及其对政府绩效的作用机制。此外,第三方评估对政府绩效的作用路径和权变因素需要通过问卷调查加以揭示,特别是绩效反馈、绩效问责、评估使用等变量。未来应面向实施第三方评估的部门开展问卷调查,测量第三方评估的中介和调节变量,并为统计分析提供基础数据。

后　记

过去几年,围绕第三方评估、绩效评价与排名、政府循证管理,我开展了一系列理论和实证研究。之所以针对这些主题,主要是因为我对来自政府外部的社会监督与公共问责备感兴趣。政府自上而下的监督与问责固然不可或缺,但更加值得发展和推崇的可能是来自外部的民众、企业、媒体、学术机构和非营利组织等利益相关者的推动和鞭策。也因此,围绕这些话题我开展了大量研究,试图厘清第三方评估为何出现,绩效排名如何发展和走样,以及政府如何循证管理和决策。本书就是这些研究的阶段性总结,希冀可以求教于对这些问题同样感兴趣的读者。

本书得以出版要感谢许多人,没有他们的理解、帮助和支持,本书无法面世。本书部分内容曾在专业期刊、新闻媒体和学术会议上呈现,包括《南京社会科学》、《甘肃行政学院学报》、《吉首大学学报》、《行政论坛》、《江苏师范大学学报》、《经济社会体制比较》、《湖湘公共管理研究》、Public Money & Management、Public Performance Management Review、《联合早报》、《中国社会科学报》等,在此表示感谢。

本书的研究也得到了几位合作者的支持,其中,新加坡南洋理工大学助理教授于文轩与我合作进行了第四、五、六、八章的研究,南洋理工大学副教授吴伟参与了第五章的研究,硕士生杨媛参与了第七章的研究和第四章的编译,在此表示感谢。

本书部分内容的研究获得国家自然科学基金项目面上项目"第三方评估如何提升组织绩效?中国地方政府的实证研究"(批准号:71774164)的资助。此外,本研究还获得新加坡连氏基金会、中国人民大学科学研究基金(中央高校基本科研业务费专项资金资助)(批准号:16XNB00516XNF003)的资助,一并表示感谢。

本书能够在江苏人民出版社出版,离不开南京大学政府管理学院副教授张乾友的推荐和支持。感谢出版社编辑戴亦梁、胡天阳为本书编辑和出版提供的专业支持。

最后,感谢家人的理解和支持,使我可以对本书研究投入更多的时间和精力。我愿将此书献给他们,作为我进行"第三方评估"的依据。

马亮

2018年8月10日

于中国人民大学林园寓所